아이가 주인공인 책

아이는 스스로 생각하고 성장합니다.
아이를 존중하고 가능성을 믿을 때
새로운 문제들을 스스로 해결해 나갈 수 있습니다.
길벗스쿨의 학습서는 아이가 주인공인 책입니다.
탄탄한 실력을 만드는 체계적인 학습법으로
아이의 공부 자신감을 높여줍니다.

가능성과 꿈을 응원해 주세요.
아이가 주인공인 분위기를 만들어 주고,
작은 노력과 땀방울에 큰 박수를 보내 주세요.
길벗스쿨이 자녀 교육에 힘이 되겠습니다.

[학습 계획표]

시작하기에 앞서 이 책의 학습 계획표를 세워 보세요. 스스로 지킬 수 있는 오늘의 목표를 정하고 꾸준히 실천해 보세요. 매일 꾸준하게 학습할 수 있도록 날짜를 적어서 계획하고 공부하는 습관을 만드는 것도 좋아요.

Week 1	Day 1	Day 2	Day 3	Day 4	Day 5	
	Pattern 01 Pattern 02 Check-up	Pattern 03 Pattern 04 Check-up	Pattern 05 Pattern 06 Check-up	Pattern 07 Pattern 08 Check-up	Pattern 09 Pattern 10 Check-up	Weekly Review
계획한 날짜	월 일	월 일	월 일	월 일	월 일	월 일

Week 2	Day 6	Day 7	Day 8	Day 9	Day 10	
	Pattern 11 Pattern 12 Check-up	Pattern 13 Pattern 14 Check-up	Pattern 15 Pattern 16 Check-up	Pattern 17 Pattern 18 Check-up	Pattern 19 Pattern 20 Check-up	Weekly Review
계획한 날짜	월 일	월 일	월 일	월 일	월 일	월 일

Week 3	Day 11	Day 12	Day 13	Day 14	Day 15	
	Pattern 21 Pattern 22 Check-up	Pattern 23 Pattern 24 Check-up	Pattern 25 Pattern 26 Check-up	Pattern 27 Pattern 28 Check-up	Pattern 29 Pattern 30 Check-up	Weekly Review
계획한 날짜	월 일	월 일	월 일	월 일	월 일	월 일

Week 4	Day 16	Day 17	Day 18	Day 19	Day 20	
	Pattern 31 Pattern 32 Check-up	Pattern 33 Pattern 34 Check-up	Pattern 35 Pattern 36 Check-up	Pattern 37 Pattern 38 Check-up	Pattern 39 Pattern 40 Check-up	Weekly Review
계획한 날짜	월 일	월 일	월 일	월 일	월 일	월 일

기적의 영어문장 쓰기 3

저자 **김현정 (E&F Contents)**

'Easy & Fun' 교육철학을 내걸고 유초등 학습자를 위한 영어 학습법을 기획·개발하고 있는 영어 교육 전문가. 15년 이상 출판업에 종사하며 초등영어 및 엄마표 영어교재를 다수 펴냈고 파닉스, 영단어, 영문법 등 여러 분야에서 굵직한 베스트셀러를 만들어냈다. 특히 패턴 학습법을 오랜 기간 연구한 전문가로 패턴 학습의 장점을 십분 활용한 패턴 회화 및 패턴 영작 도서를 다수 기획 및 집필했다.

기획·개발한 대표 저서로 《기적의 영어패턴 익히기》, 《왕초보 영어 대박패턴 100》, 《맛있는 초등 필수 영단어》, 《영어동요 하루 Song》, 《영어동요 대화 Song》 등이 있다.

기적의 영어문장 쓰기 3
Miracle Series – Sentence Writing 3

초판 발행 · 2024년 5월 31일

지은이 · 김현정
발행인 · 이종원
발행처 · 길벗스쿨
출판사 등록일 · 2006년 7월 1일 | **주소** · 서울시 마포구 월드컵로 10길 56 (서교동)
대표 전화 · 02)332-0931 | **이메일** · gilbut@gilbut.co.kr

기획 및 책임 편집 · 김소이(soykim@gilbut.co.kr) | **제작** · 손일순
영업마케팅 · 문세연, 박선경, 박다슬 | **웹마케팅** · 박달님, 이재윤, 이지수, 나혜연 | **영업관리** · 정경화 | **독자지원** · 윤정아

교정 · 최주연 | **전산편집** · 연디자인 | **표지 디자인** · 박찬진 | **본문 디자인** · 윤미주 | **영문 감수** · Ryan P. Lagace
표지 삽화 · 김보경 | **본문 삽화** · 박혜연, 플러스툰 | **인쇄** · 교보피앤비 | **제본** · 경문제책 | **녹음** · YR미디어

ISBN 979-11-6406-754-1 64740 (길벗 도서번호 30558)
정가 15,000원

제 품 명 : 기적의 영어문장 쓰기 3
제조사명 : 길벗스쿨
제조국명 : 대한민국
전화번호 : 02-332-0931
주 소 : 서울시 마포구 월드컵로 10길 56 (서교동)
제조년월 : 판권에 별도 표기
사용연령 : **8세 이상**
KC마크는 이 제품이 공통안전기준에 적합하였음을 의미합니다.

✯ '읽기'만 했다면 이제 '쓰기'입니다.

유초등 시기에 동화책과 영상을 통해 영어를 어느 정도 접하여 읽을 수 있는 영어 단어와 문장이 쌓이고 나면 이제 영어 문장 쓰기에 도전할 때입니다. 수동적으로 읽고 듣기만 하는 학습에서 벗어나 능동적으로 영어 문장을 쓰고 말하는 학습을 할 때 아이들의 영어 실력이 급속도로 껑충 성장할 수 있기 때문입니다. 또한 2022 개정 교육과정에서 표현 영역이 강화되면서 서술형 평가가 확대되고 영작 활동이 늘어나기 때문에 앞으로는 쓰기 실력이 더욱 중요시 됩니다.

✯ 수영을 연습하듯 매일 쓰기를 훈련하세요!

영어 문장을 읽고 뜻을 이해한다고 해서 그 문장을 바로 쓸 수 있는 것은 아닙니다. 읽기는 단어만 알면 문장의 뜻을 대충 짐작할 수 있지만, 쓰기는 단어를 어떤 순서로 나열할지 알아야 하기 때문입니다. 즉, 쓰기 실력을 키우기 위해서는 문장 구조와 어순 감각을 익히고, 그에 맞춰 문장을 만드는 훈련을 풍부하게 해야 합니다. 수영을 잘하려면 직접 팔다리를 휘저으며 연습해야 하듯이, 영어 쓰기를 잘하려면 실제 손으로 써 보는 훈련을 반복적으로 하는 것이 중요합니다. 기초 훈련으로 탄탄하게 힘을 길러야 문장들이 모여 이루는 단락글 영작도 문제 없이 해나갈 수 있게 됩니다.

✯ 문법보다 '패턴'이 먼저입니다!

문장 구조와 어순 감각을 익히기 위해 문법부터 시작하는 것은 자칫 영어에 대한 거부감만 키울 수 있습니다. 영작을 처음 시작할 때는 복잡하고 난해한 문법을 공부할 필요는 없습니다. 자주 사용되는 문장 형태를 패턴으로 통째로 익힌 후 단어만 바꾸면 원하는 문장을 만들 수 있기 때문입니다. 이렇게 패턴을 이용해서 쓰기 연습을 하다 보면 영어 문장 구조와 어순을 감각적으로 자연스럽게 터득할 수 있게 됩니다.

《기적의 영어문장 쓰기》가 우리 아이들이 영어에 재미와 자신감을 얻고, 나아가 자신의 생각을 영어로 쓸 수 있는 실력을 기르는 데 든든한 디딤돌이 되기를 바랍니다.

저자 **김현정**

이 책의 특징

01

문법을 몰라도 문장을 쉽게 완성할 수 있는 패턴 학습법

패턴을 알면 단어와 표현만 갈아 끼워 영어문장을 쉽게 만들 수 있습니다. 어려운 문법 설명이나 복잡한 문장 구조를 몰라도 영작을 할 수 있어서, 영작을 처음 시작하는 초등학생에게는 패턴이 최적의 학습법입니다.

02

초등 영어교과서에서 뽑은 핵심 패턴 320개로 영작 기본기 완성

초등 영어교과서를 완벽 분석하여 핵심 문장 패턴을 선별하고 유형별로 정리했습니다. 교과서 핵심 패턴과 함께 일상에서 쓰이는 실용적인 예문을 접하면서, 초등 시기에 꼭 필요한 문장 쓰기 실력을 완성합니다.

03

초등 필수 영단어 800개로 영어 기초 체력을 탄탄하게!

초등학교 교육과정 권장단어 및 일상생활에서 자주 쓰이는 주요 단어들을 포함했습니다. 단어 책을 따로 익히고 외우지 않아도, 이 책의 패턴 영작 과정에서 자연스럽게 필수 어휘들도 함께 익힐 수 있습니다.

04

따라만 하면 저절로 외워지는 반복식 영작 훈련

영작 실력은 단숨에 늘지 않기에 꾸준한 연습 기간이 필요합니다. 패턴 문형을 6회 반복 연습할 수 있게 구성하여 문장을 쓰다 보면 기초 문법 개념을 저절로 터득하고, 암기하는 노력 없이도 문장 감각을 키울 수 있습니다.

전체 커리큘럼

단계		주요 패턴
1권	•be동사 패턴	I am... / I'm not... / You are... / Are you...? / Is she...?
	•be동사 패턴	It is... / It's not... / Is it...? / We are... / They are...
	•like 패턴	I like... / I don't like... / He likes... / Do you like...?
	•have 패턴	I have... / She has... / Do you have...? / I had...
2권	•this & that 패턴	This is... / These are... / Is that...? / My hair is...
	•be동사 과거형 패턴	I was... / You were... / It was... / They were...
	•일반동사 과거형 패턴	I saw... / I heard... / I made... / I went to...
	•want 패턴	I want... / I want to... / I don't want to... / Do you want...?
3권	•일반동사 패턴	Open... / Let's... / I don't... / Do you...?
	•진행형 패턴	I'm -ing / You're -ing / Are you -ing? / He was -ing
	•can & will 패턴	I can... / Can you...? / I will... / Will you...?
	•There is 패턴	There is... / There are... / Is there...? / There is no...
4권	•have to 패턴	I have to... / She has to... / I had to... / I should...
	•be going to 패턴	I'm going to... / Are you going to...? / I was going to...
	•what & why & who 패턴	What is...? / What do you...? / Why are you so...? / Who is...?
	•how & when & where 패턴	How is...? / How many... do you...? / When is...? / Where is...?

단계 안내

기적의 영어문장 쓰기 ❶~❹

대상: 초등 2~4학년

파닉스 이후, 문법을 몰라도 패턴 문장으로 영어 문장을 쉽게 쓸 수 있어요.

기적의 영어문장 만들기 ❶~❺

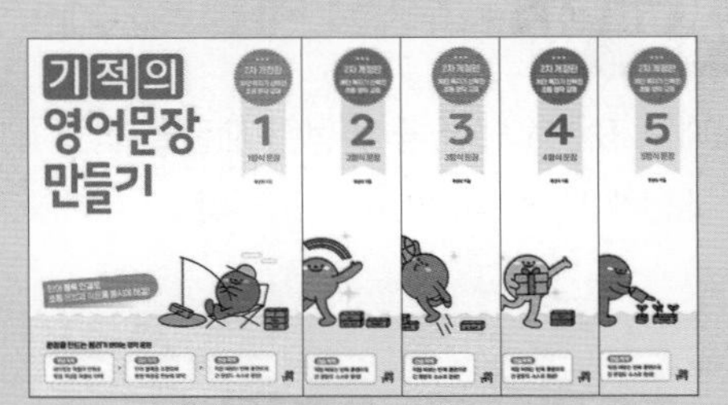

대상: 초등 4~6학년

1~5형식 문장구조를 파악하여, 어순에 맞춰 문장을 만드는 연습을 해요.

이 책의 구성과 학습법

단어와 예문 듣기

- 001 기본패턴과 응용패턴 문장 듣기
- 002 Practice의 단어 및 표현 듣기
- 003 Practice의 완성문장 따라 읽기

기본패턴

패턴 표현에 대한 설명을 읽고 예문을 통해 패턴의 의미와 쓰임을 정확하게 이해합니다.

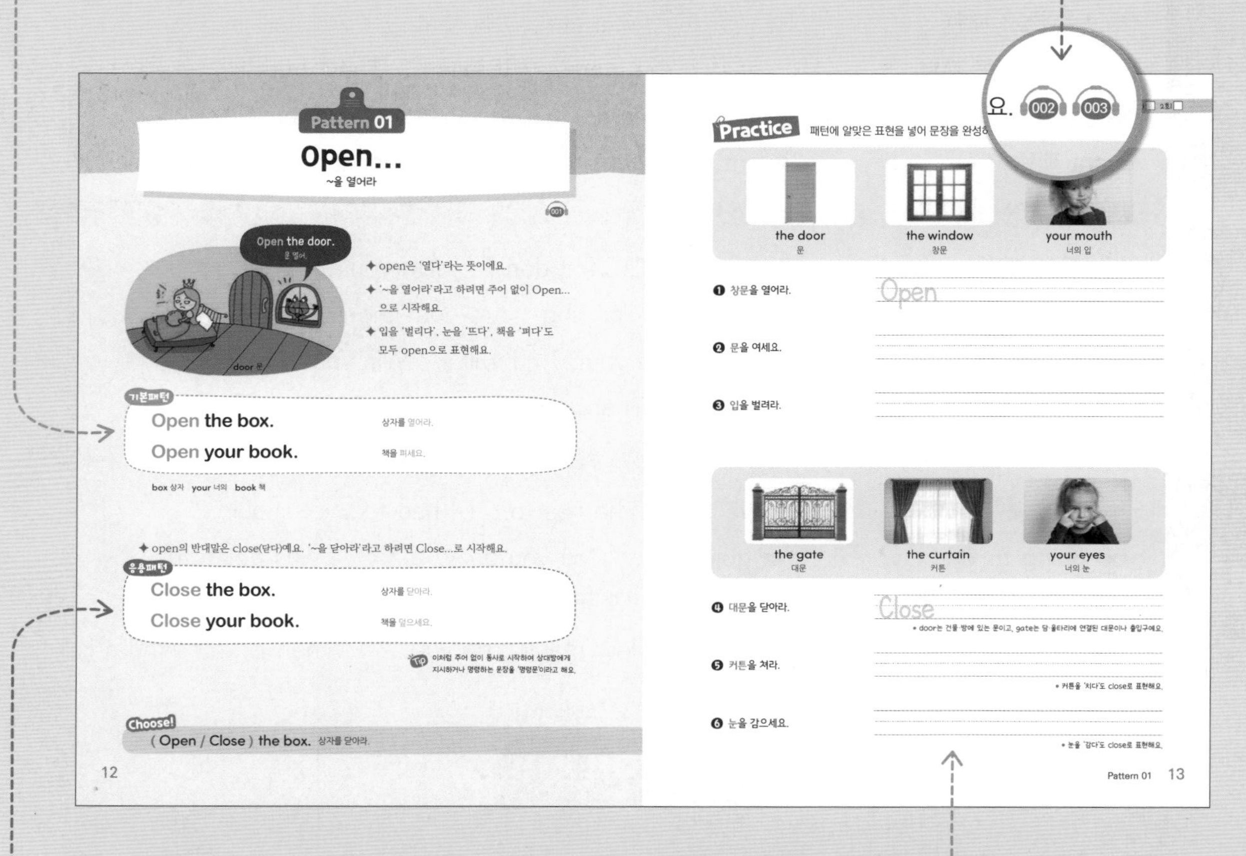

Pattern 01

Open...

~을 열어라

001

Open the door. 문 열어.

door 문

✦ open은 '열다'라는 뜻이에요.

✦ '~을 열어라'라고 하려면 주어 없이 Open...으로 시작해요.

✦ 입을 '벌리다', 눈을 '뜨다', 책을 '펴다'도 모두 open으로 표현해요.

기본패턴

Open the box. 상자를 열어라.

Open your book. 책을 펴세요.

box 상자 your 너의 book 책

✦ open의 반대말은 close(닫다)예요. '~을 닫아라'라고 하려면 Close...로 시작해요.

응용패턴

Close the box. 상자를 닫아라.

Close your book. 책을 덮으세요.

Tip 이처럼 주어 없이 동사로 시작하여 상대방에게 지시하거나 명령하는 문장을 '명령문'이라고 해요.

Choose!

(Open / Close) the box. 상자를 닫아라.

12

Practice 패턴에 알맞은 표현을 넣어 문장을 완성하세요. 002 003

the door 문 / the window 창문 / your mouth 너의 입

❶ 창문을 열어라. Open

❷ 문을 여세요.

❸ 입을 벌려라.

the gate 대문 / the curtain 커튼 / your eyes 너의 눈

❹ 대문을 닫아라. Close

• door는 건물·방에 있는 문이고, gate는 담·울타리에 연결된 대문이나 출입구예요.

❺ 커튼을 쳐라.

• 커튼을 '치다'도 close로 표현해요.

❻ 눈을 감으세요.

• 눈을 '감다'도 close로 표현해요.

Pattern 01 13

응용패턴

기본 패턴 표현에서 조금 변형된 패턴을 익히면서 패턴에 대한 응용력을 키웁니다.

Practice

앞에서 배운 패턴에 단어와 표현을 넣어 직접 문장을 써 봅니다.
동일한 패턴 문장을 반복해서 쓰다 보면 패턴의 의미와 형태가 각인되고 어순 감각도 저절로 쌓이게 됩니다.

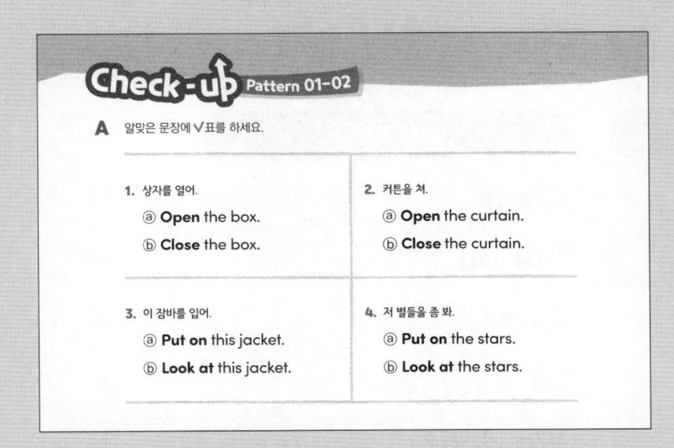
Check-up Pattern 01-02

A 알맞은 문장에 ✓표를 하세요.

1. 상자를 열어.
ⓐ Open the box.
ⓑ Close the box.

2. 커튼을 쳐.
ⓐ Open the curtain.
ⓑ Close the curtain.

3. 이 잠바를 입어.
ⓐ Put on this jacket.
ⓑ Look at this jacket.

4. 저 별들을 좀 봐.
ⓐ Put on the stars.
ⓑ Look at the stars.

Check-up

오늘 배운 4개의 패턴을 확실히 익혔는지 문제로 확인합니다. 그림 묘사 문장, 대화문, 상황 설명문 등 다양한 유형의 문제를 풀며 오늘의 패턴 문장을 확인합니다.

Weekly Review Pattern 01-10

A 사진을 보고 알맞은 단어를 고르세요.

1. Look at the (tiger / monkey).
Look at the (zebra / bear).

2. Put on your (scarf / skirt).
Put on your (jacket / gloves).

3. I need a (spoon / fork).
I don't need a (spoon / fork).

Weekly Review

5일치 학습이 끝난 후에는 한 주 동안 배운 단어와 패턴 문장을 복습합니다. 단어와 표현들이 반복되도록 구성하여 쉽고 자연스럽게 암기할 수 있습니다.
또한 배운 패턴을 적용하여 짧은 글을 완성해볼 수 있습니다.

부가 학습자료

영단어 연습장

[권말 부록]

단어 테스트

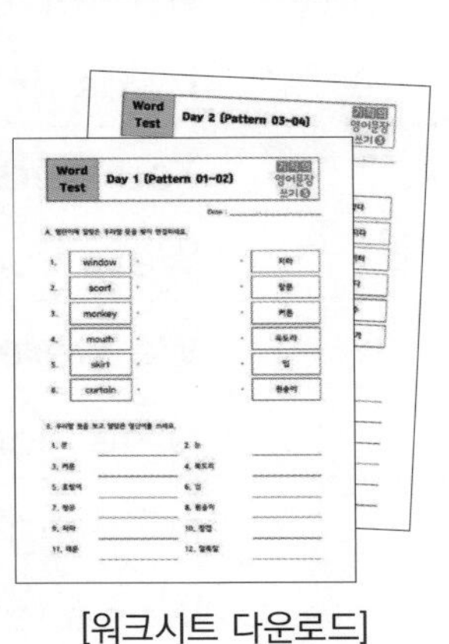

[워크시트 다운로드]

온라인 퀴즈

단어 퀴즈 본책에서 학습한 주요 영어 단어의 철자와 뜻을 점검합니다.

문장 퀴즈 우리말에 알맞게 영어문장을 완성하면서 패턴 문장을 한 번 더 복습합니다.

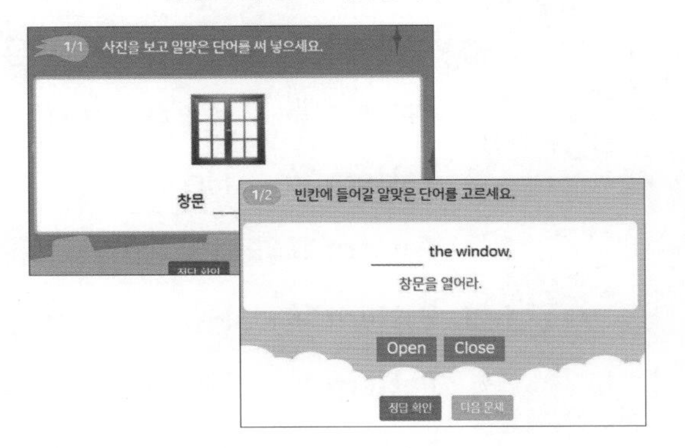

길벗스쿨 e클래스 eclass.gilbut.co.kr

길벗스쿨 e클래스에서 온라인 퀴즈, MP3 파일 및 워크시트 다운로드 등 부가 학습자료를 이용하실 수 있습니다.

차례

Week 1 일반동사 패턴 – 동작·활동 표현하기

Week 2 진행형 패턴 – 하고 있는 일 표현하기

Week 3 can & will 패턴 – 할 수 있는 일 & 앞으로 할 일 표현하기

Week 4 There is 패턴 – 있다·없다 표현하기

다음 문장을
영어로 표현할 수 있나요?

- ☐ 저 별들 좀 봐.
- ☐ 걱정하지 마.
- ☐ 동물원에 가자.
- ☐ 너는 서울에 살아?
- ☐ 그는 안경을 써?

***Point**

1~2권에서 like, have, want 패턴을 배우면서 일반동사의 문장 패턴을 접했습니다. 이번 주에는 이 패턴을 모든 일반동사에 적용하는 훈련을 합니다. 명령문부터 부정문, 의문문, 과거형 문장까지 만들어 보면서, 한 동사가 문장 형태에 따라 모양과 위치가 어떻게 변하는지 감각적으로 익히게 됩니다.

Week 1

일반동사 패턴

동작·활동 표현하기

Open...

~을 열어라

✦ open은 '열다'라는 뜻이에요.

✦ '~을 열어라'라고 하려면 주어 없이 Open...으로 시작해요.

✦ 입을 '벌리다', 눈을 '뜨다', 책을 '펴다'도 모두 open으로 표현해요.

기본패턴

Open the box.	상자를 열어라.
Open your book.	책을 펴세요.

box 상자 your 너의 book 책

✦ open의 반대말은 close(닫다)예요. '~을 닫아라'라고 하려면 Close...로 시작해요.

응용패턴

Close the box.	상자를 닫아라.
Close your book.	책을 덮으세요.

이처럼 주어 없이 동사로 시작하여 상대방에게 지시하거나 명령하는 문장을 '명령문'이라고 해요.

Choose!

(Open / Close) the box. 상자를 닫아라.

패턴에 알맞은 표현을 넣어 문장을 완성하세요.  

❶ 창문을 열어라. Open

❷ 문을 여세요.

❸ 입을 벌려라.

❹ 대문을 닫아라. Close

• door는 건물·방에 있는 문이고, gate는 담·울타리에 연결된 대문이나 출입구예요.

❺ 커튼을 쳐라.

• 커튼을 '치다'도 close로 표현해요.

❻ 눈을 감으세요.

• 눈을 '감다'도 close로 표현해요.

Look at...

~을 좀 봐

✦ look at은 '~을 보다'라는 뜻이에요.

✦ '~을 좀 봐'라고 할 때는 Look at...으로 시작해요.

✦ see는 우연히 보이는 것이고, look at은 일부러 쳐다보는 거예요.

기본패턴

Look at **the moon.**	저 달을 좀 봐.
Look at **the stars.**	저 별들을 좀 봐.

moon 달 star 별

✦ put on은 '입다'라는 뜻이에요. '~을 입어'라고 할 때는 Put on...으로 시작해요.

응용패턴

Put on **this jacket.**	이 잠바를 입어.
Put on **your socks.**	네 양말을 신어.

jacket 재킷, 잠바 socks 양말

옷뿐만 아니라 양말, 신발, 모자, 안경 등 몸에 걸치는 것은 모두 put on으로 표현할 수 있어요.

Choose!

(Look at / Put on) this skirt. 이 치마를 입어.

Practice 패턴에 알맞은 표현을 넣어 문장을 완성하세요. 005 006

the tiger
호랑이

the monkey
원숭이

the zebra
얼룩말

❶ 저 호랑이를 좀 봐. Look at

❷ 저 얼룩말을 좀 봐.

❸ 저 원숭이를 좀 봐.

this skirt
이 치마

your scarf
네 목도리

your gloves
네 장갑

❹ 이 치마를 입어. Put on

❺ 네 장갑을 껴.

• 장갑을 '끼다'도 put on으로 표현해요.

❻ 네 목도리를 해.

• scarf는 '스카프'와 '목도리'를 모두 뜻해요.

Check-up Pattern 01-02

A 알맞은 문장에 ✓표를 하세요.

1. 상자를 열어. ⓐ **Open** the box. ⓑ **Close** the box.	**2.** 커튼을 쳐. ⓐ **Open** the curtain. ⓑ **Close** the curtain.
3. 이 잠바를 입어. ⓐ **Put on** this jacket. ⓑ **Look at** this jacket.	**4.** 저 별들을 좀 봐. ⓐ **Put on** the stars. ⓑ **Look at** the stars.

B 알맞은 표현을 써서 문장을 완성하세요.

Look at　　Open　　Close　　Put on

1. 대문을 열어. → ______________ the gate.

2. 저 달을 좀 봐. → ______________ the moon.

3. 네 장갑을 껴. → ______________ your gloves.

4. 책을 덮으세요. → ______________ your book.

C 그림을 참고하여 상황에 알맞은 문장을 쓰세요.

1. ______________________________
문 열어. (the door)

2. ______________________________
창문을 닫아. (the window)

3. ______________________________
입 벌리세요. (your mouth)

4. ______________________________
눈 감으세요. (your eyes)

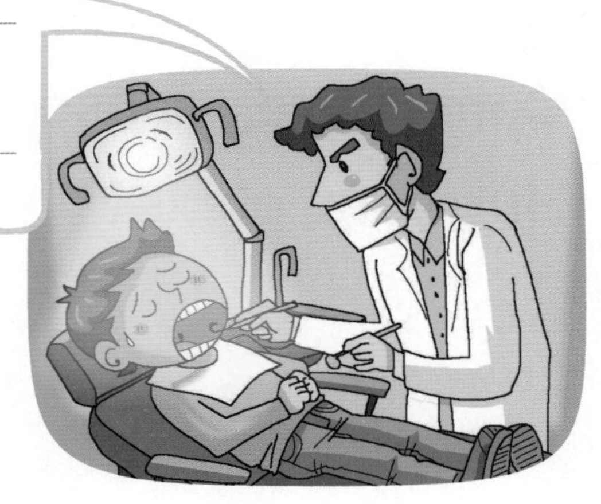

5. ______________________________
저 얼룩말 좀 봐. (the zebra)

6. ______________________________
저 호랑이 좀 봐. (the tiger)

..., please!

~해 줘요!

✦ Help me!(도와줘!) 같은 명령문 끝에 please (제발, 부디)를 쓰면 정중한 표현이 돼요.

✦ 양치기 소년은 정중하고 간절하게 부탁하기 위해 please를 썼어요.

기본패턴

Come here, please!	이리 와 주세요!
Hurry up, please!	서둘러 주세요!

come 오다 here 여기 hurry up 서두르다

please를 붙이면 부탁을 더 잘 들어준다고 해서 please를 magic word(마법의 단어)라고 해요.

✦ '~하지 마'라고 할 때는 *동사 앞에 Don't...을 써요. Don't은 Do not의 줄임말이에요.

응용패턴

Don't worry.	걱정하지 마.
Don't cry.	울지 마.

worry 걱정하다 cry 울다

동사: 움직임이나 상태를 나타내는 말
예 go 가다 cry 울다 worry 걱정하다

Choose!

(Do / Don't) worry. 걱정하지 마.

패턴에 알맞은 표현을 넣어 문장을 완성하세요. 

sit down
앉다

stand up
일어서다

be careful
조심하다

push
밀다

touch it
그것을 만지다

forget
잊다

❶ 앉아 **주세요!**

, please!

• Please sit down.처럼 please를 문장 앞에 써도 돼요.

❷ 일어서 **주세요!**

❸ 조심해!

• 짧게 말할 때는 please를 생략하기도 해요.

❹ 그거 만지지 **마.**

Don't

❺ 잊지 **마.**

❻ 밀지 **마세요.** + please 제발, 부디

• '~하지 마세요'라고 정중하게 말할 때는 Don't... 문장 끝에 please를 써요.

Pattern 04

Let's...

~하자

✦ 상대방에게 뭔가를 하자고 제안할 때 가장 많이 쓰는 것이 Let's...예요.

✦ '~하자'라고 할 때는 Let's 뒤에 동사를 써요.

✦ 토끼는 경주를 하자면서 Let's...를 사용했어요.

기본패턴

Let's play baseball. 야구하자.

Let's dance together. 같이 춤추자.

play baseball 야구하다 dance 춤추다 together 같이, 함께

 Let's... 문장 뒤에 together를 붙이면 '같이 ~하자'라는 뜻이 돼요.

✦ Let's go(가자) 뒤에 to(~로/에)를 쓰면 '~로/에 가자'라는 뜻이 돼요.

응용패턴

Let's go to the zoo. 동물원에 가자.

Let's go to my room. 내 방으로 가자.

zoo 동물원 room 방

Choose!

(Don't / Let's) play baseball. 야구하자.

Practice 패턴에 알맞은 표현을 넣어 문장을 완성하세요. 011 012

make a snowman
눈사람을 만들다

take a picture
사진을 찍다

meet at three
3시에 만나다

❶ 눈사람을 만들자. Let's

❷ 3시에 만나자.

❸ 사진 찍자.

• picture는 '그림' 외에 '사진'이라는 뜻도 있어요.

the beach
바닷가

the lake
호수

the playground
놀이터

❹ 바닷가에 가자. Let's go to

❺ 놀이터에 가자.

❻ 호수에 가자.

Check-up Pattern 03-04

A 알맞은 문장에 ✓표를 하세요.

1. 서둘러 주세요. ⓐ Hurry up, **please**. ⓑ Hurry up **together**.	2. 사진 찍자. ⓐ **Don't** take a picture. ⓑ **Let's** take a picture.
3. 앉지 마. ⓐ Sit down, **please**. ⓑ **Don't** sit down.	4. 동물원에 가자. ⓐ **Let's** go to the zoo. ⓑ **Don't** go to the zoo.

B 알맞은 표현을 써서 문장을 완성하세요.

Don't	Let's make	Let's go to	please

1. 눈사람을 만들자. ➔ ______________ a snowman.
2. 일어서 주세요. ➔ Stand up, ______________ .
3. 바닷가에 가자. ➔ ______________ the beach.
4. 늦지 마. ➔ ______________ be late.

C 그림을 참고하여 상황에 알맞은 문장을 쓰세요.

1. ______________________
조심해! (be careful)

2. ______________________
걱정하지 마. (worry)

3. ______________________
이리 좀 와 주세요. (come here)

4. ______________________
나를 좀 도와주세요. (help me)

5. ______________________
야구하자. (play baseball)

6. Okay. ______________________
좋아. 3시에 만나자. (meet at three)

I don't...

나는 ~하지 않는다

✦ I believe it.은 '나는 그거 믿어.'이고, I don't believe it.은 '나는 그거 믿지 않아.'라는 뜻이에요.

✦ I don't 뒤에 동사를 쓰면 '나는 ~하지 않아', '나는 ~ 안 해'라는 뜻이 돼요.

기본패턴

I don't like fish. 나는 생선을 안 좋아해.

I don't see anything. 나는 아무것도 안 보여.

like 좋아하다 fish 생선 see 보다, 보이다 anything 뭐든

I like fish. 나는 생선을 좋아해.
I don't like fish. 나는 생선을 안 좋아해.

✦ We/They/You don't 뒤에 동사를 써서 '우리는/그들은/너는 ~하지 않아'라고 표현해 봐요.

응용패턴

We don't eat carrots. 우리는 당근을 안 먹어.

They don't know my name. 그들은 내 이름을 몰라.

You don't need a cup. 너는 컵이 필요 없어.

eat 먹다 carrot 당근 know 알다 name 이름 need 필요하다 cup 컵

Choose!

(I eat / I don't eat) carrots. 나는 당근을 안 먹어.

Practice 패턴에 알맞은 표현을 넣어 문장을 완성하세요. 014 015

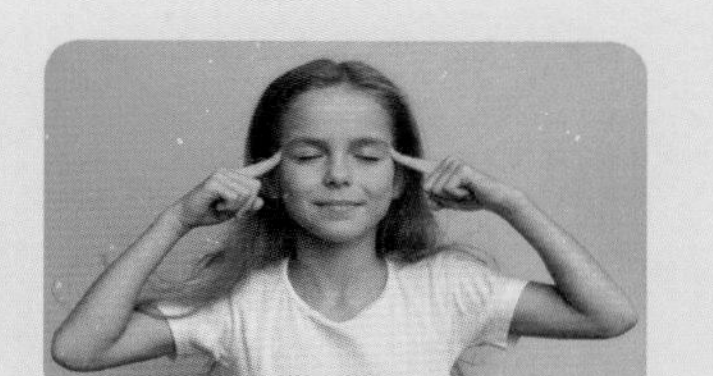
remember
기억하다

think so
그렇게 생각하다

need a fork
포크가 필요하다

❶ 나는 기억이 안 나. I don't

❷ 나는 포크가 필요 없어.

❸ 나는 그렇게 생각하지 않아.

know the song
그 노래를 알다

eat salad
샐러드를 먹다

have crayons
크레용이 있다

❹ 우리는 그 노래를 몰라. We don't

❺ 그들은 샐러드를 안 먹어.

❻ 너는 크레용이 없잖아.

Do you...?

너는 ~하니?

✦ Do you 뒤에 동사를 쓰면 '너는 ~하니?'라고 묻는 말이 돼요.

✦ 라푼젤은 자기 말이 들리는지 묻기 위해 Do you 뒤에 hear me(내 말이 들리다)를 사용했어요.

✦ Do you 뒤에 다양한 동사를 써 보세요.

기본패턴

Do you **need a fork**? 너는 포크가 필요하니?

Do you **remember Amy**? 너는 에이미를 기억하니?

fork 포크 remember 기억하다

You need a fork. 너는 포크가 필요해.
Do you need a fork? 너는 포크가 필요해?

✦ 주어를 they/we로 바꿔서 '그들은/우리는 ~해?'라고 물어보세요.

응용패턴

Do they **know the song**? 그들은 그 노래를 알아요?

Do we **have milk**? 우리 우유가 있어요?

song 노래 have 가지고 있다 milk 우유

Choose!

(Are you know / Do you know) the song? 너는 저 노래 아니?

Practice 패턴에 알맞은 표현을 넣어 문장을 완성하세요. 017 018

speak English
영어로 말하다, 영어를 하다

need a spoon
숟가락이 필요하다

see the frog
개구리가 보이다

❶ 너는 저 개구리 보이니? Do you

❷ 너는 숟가락이 필요하니?

❸ 너는 영어를 하니?

know the way
길을 알다

live in Seoul
서울에 살다

have enough time
충분한 시간이 있다

❹ 그들은 서울에 살아요? Do they

❺ 그들은 길을 알아요?

❻ 우리는 시간이 충분히 있어?

Check-up Pattern 05-06

A 알맞은 문장에 ✓표를 하세요.

1. 나는 그렇게 생각하지 않아.
   ⓐ **I think** so.
   ⓑ **I don't think** so.

2. 나는 숟가락이 필요 없어.
   ⓐ **I don't need** a spoon.
   ⓑ **I need** a spoon.

3. 너는 영어를 하니?
   ⓐ **Are you** speak English?
   ⓑ **Do you** speak English?

4. 그들은 서울에 살아요?
   ⓐ **Do they** live in Seoul?
   ⓑ **Are they** live in Seoul?

B 알맞은 표현을 써서 문장을 완성하세요.

I don't need　Do they know　We don't eat　Do you remember

1. 우리는 당근을 안 먹어. → ______________ carrots.
2. 나는 포크가 필요 없어. → ______________ a fork.
3. 너는 에이미 기억하니? → ______________ Amy?
4. 그들은 길을 알아요? → ______________ the way?

C 그림을 참고하여 상황에 알맞은 문장을 쓰세요.

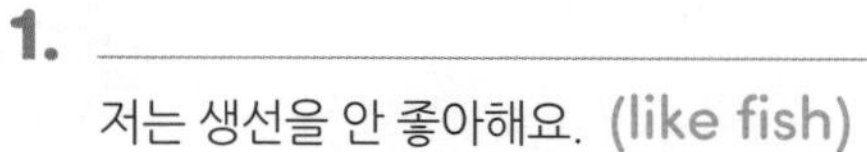

1. ______________________
저는 생선을 안 좋아해요. (like fish)

2. ______________________
저는 샐러드를 안 먹어요. (eat salad)

3. ______________________
너는 저 개구리 보여? (see the frog)

4. No. ______________________
아니. 난 아무것도 안 보여. (see anything)

5. ______________________
우리 시간이 충분히 있어? (have enough time)

6. No. ______________________
아니. 우리 시간이 충분하지 않아. (have enough time)

He doesn't...

그는 ~하지 않는다

✦ He feels는 '그는 느껴'이고, He doesn't feel은 '그는 느끼지 않아'예요.

✦ 주어가 He/She이면 don't 대신 doesn't을 써서 '~하지 않는다'라고 해요.

✦ He doesn't 뒤에 동사를 써서 '그는 ~하지 않아'라고 표현해 봐요.

기본패턴

He doesn't like salad. 그는 샐러드를 안 좋아해요.

He doesn't know the way. 그는 길을 몰라요.

salad 샐러드 way 길

I don't like salad. 나는 샐러드를 안 좋아해.
He doesn't like salad. 그는 샐러드를 안 좋아해.

✦ She doesn't 뒤에 동사를 써서 '그녀는 ~하지 않아'라고 표현해 봐요.

응용패턴

She doesn't need a spoon. 그녀는 숟가락이 필요 없어요.

She doesn't live in Seoul. 그녀는 서울에 살지 않아요.

spoon 숟가락 live 살다 Seoul 서울

Choose!

(He doesn't live / He don't live) in Seoul. 그는 서울에 살지 않아요.

Practice 패턴에 알맞은 표현을 넣어 문장을 완성하세요. 020 021

eat meat
고기를 먹다

wear glasses
안경을 쓰다

live in Korea
한국에 살다

❶ 그는 고기를 안 먹어요. He doesn't

❷ 그는 한국에 살지 않아요.

• Korea(한국), China(중국) 같은 나라 이름은 첫 글자를 항상 대문자로 써요.

❸ 그는 안경을 안 써요.

eat shrimp
새우를 먹다

wear a skirt
치마를 입다

need a knife
칼이 필요하다

❹ 그녀는 치마를 안 입어요. She doesn't

❺ 그녀는 칼이 필요 없어요.

❻ 그녀는 새우를 안 먹어요.

Does he...?

그는 ~하니?

✦ he/she에 대해서 물을 때는 Do 대신 Does를 사용해요.

✦ 남자가 성을 갖고 있는지 묻기 위해 Does he...?를 사용했어요.

✦ Does he 뒤에 동사를 써서 '그는 ~하니?' 라고 물어봐요.

기본패턴

Does he need a bag? 그는 가방이 필요해요?

Does he live in America? 그는 미국에 살아요?

bag 가방 America 미국

Do you need a bag? 너는 가방이 필요해?
Does he need a bag? 그는 가방이 필요해?

✦ Does she 뒤에 동사를 써서 '그녀는 ~해?'라고 물어봐요.

응용패턴

Does she wear glasses? 그녀는 안경을 써요?

Does she speak English? 그녀는 영어를 해요?

wear 입다, 쓰다 glasses 안경 speak 말하다 English 영어

Choose!

(Do he wear / Does he wear) glasses? 그는 안경을 써요?

Practice 패턴에 알맞은 표현을 넣어 문장을 완성하세요. 023 024

need a pen
펜이 필요하다

have a watch
손목시계가 있다

live in Japan
일본에 살다

❶ 그는 펜이 필요해요? Does he

❷ 그는 일본에 살아요?

❸ 그는 손목시계가 있어요?

• clock은 일반적인 시계이고, watch는 '손목시계'예요.

need a swimsuit
수영복이 필요하다

have a phone
핸드폰이 있다

live in China
중국에 살다

❹ 그녀는 핸드폰이 있어요? Does she

❺ 그녀는 수영복이 필요해요?

• swimsuit(수영복)는 swim(수영하다)과 suit(옷)가 합쳐진 단어예요.

❻ 그녀는 중국에 살아요?

Check-up Pattern 07-08

A 알맞은 문장에 ✓표를 하세요.

1. 그녀는 칼이 필요 없어요.
   ⓐ **She needs** a knife.
   ⓑ **She doesn't need** a knife.

2. 그는 길을 몰라요.
   ⓐ **He doesn't** know the way.
   ⓑ **He don't** know the way.

3. 그는 가방이 필요해요?
   ⓐ **Is he** need a bag?
   ⓑ **Does he** need a bag?

4. 그녀는 일본에 살아요?
   ⓐ **Do she** live in Japan?
   ⓑ **Does she** live in Japan?

B 알맞은 표현을 써서 문장을 완성하세요.

He doesn't like　Does she have　He doesn't need　Does she live

1. 그는 수영복이 필요 없어요. → ________ a swimsuit.
2. 그녀는 중국에 살아요? → ________ in China?
3. 그는 샐러드를 안 좋아해요. → ________ salad.
4. 그녀는 핸드폰이 있어요? → ________ a phone?

C 그림을 참고하여 상황에 알맞은 문장을 쓰세요.

1.

그는 새우를 안 먹어. (eat shrimp)

2.

그녀는 고기를 안 먹어. (eat meat)

3. A:

그는 손목시계가 있어? (have a watch)

4. B: No.

아니. 그는 손목시계가 필요 없어. (need a watch)

5. A:

그는 안경을 써? (wear glasses)

B: No, he doesn't. 아니, 안 써.

6. A:

그녀는 치마를 입어? (wear skirts)

B: Yes, she does. 응, 입어.

I didn't...

나는 ~하지 않았다

✦ don't의 과거형은 didn't예요.

✦ 현재 '나는 ~하지 않는다'는 I don't...을 쓰고, 과거에 '나는 ~하지 않았다'는 I didn't...을 써요.

✦ 혹부리 영감은 과거에 자기가 한 게 아니라면서 I didn't...을 사용했어요.

기본패턴

I didn't cry. 나는 울지 않았어.

I didn't eat anything. 나는 아무것도 안 먹었어.

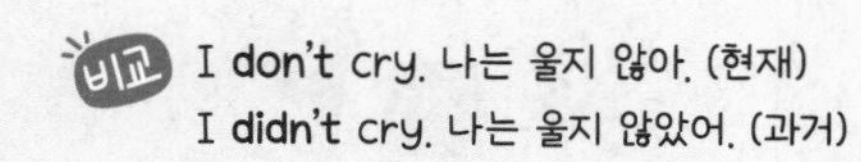

✦ 과거에 '~하지 않았다'고 할 때는 주어에 상관없이 항상 didn't...을 사용해요.

응용패턴

He didn't have a pen. 그는 펜이 없었어.

They didn't say anything. 그들은 아무 말도 안 했어.

pen 펜 say 말하다

Choose!

(I don't eat / I didn't eat) anything. 나는 아무것도 안 먹었어.

Practice 패턴에 알맞은 표현을 넣어 문장을 완성하세요. 026 027

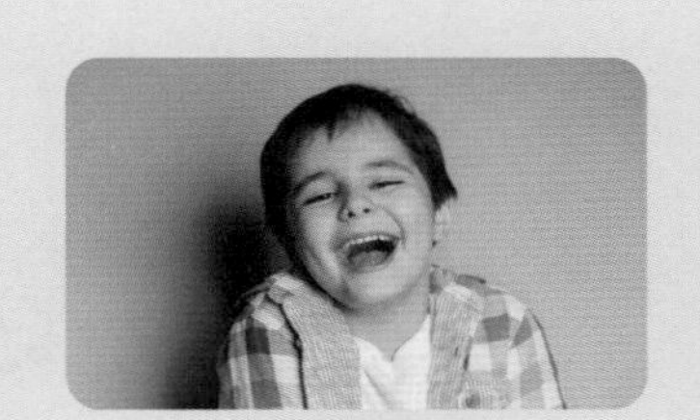
laugh
웃다

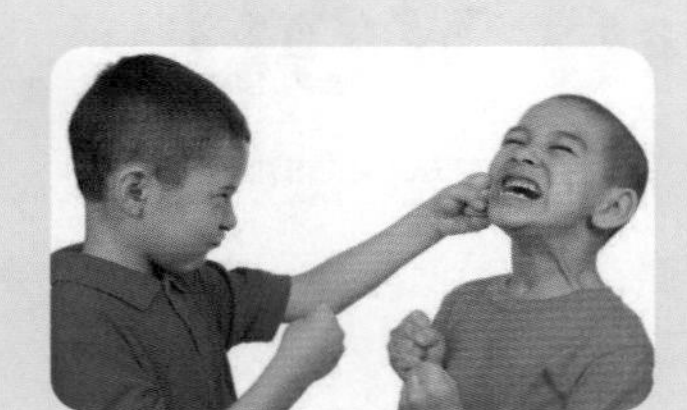
hit him
그를 때리다

brush my teeth
내 이를 닦다, 양치하다

❶ 나는 웃지 않았어. I didn't

❷ 나는 그를 안 때렸어.

❸ 나는 양치질을 안 했어.

• brush는 '(칫)솔질하다'이고, teeth는 tooth(이)의 복수형이에요.

lie
거짓말하다

answer
대답하다

take a shower
샤워를 하다

❹ 우리는 대답하지 않았다. We didn't

❺ 그녀는 거짓말 안 했어.

❻ 그는 샤워를 안 했어.

• shower는 '샤워'이고, take a shower는 '샤워를 하다'예요.

Did you...?

너는 ~했어?

✦ 현재 '너는 ~해?'라고 물을 때는 Do you...?를 쓰고, 과거에 '너는 ~했어?'라고 물을 때는 Did you...?를 써요.

✦ 아기곰은 골디락스에게 의자를 부쉈냐고 묻기 위해 Did you...?를 사용했어요.

기본패턴

Did you sleep well? 너는 잘 잤어?

Did you see him? 너는 그를 보았어?

sleep 자다 well 잘 him 그를

비교 Do you sleep well? 너는 잘 자니? (현재)
Did you sleep well? 너는 잘 잤니? (과거)

✦ 과거에 뭔가를 했냐고 물을 때는 주어에 상관없이 항상 Did로 시작해요.

응용패턴

Did she laugh? 그녀는 웃었어요?

Did he take a shower? 그는 샤워했어요?

laugh 웃다 take a shower 샤워하다

Choose!

(Do you see / Did you see) him? 너는 그를 봤어?

Practice 패턴에 알맞은 표현을 넣어 문장을 완성하세요.  

hear the thunder
천둥소리를 듣다

eat my doughnut
내 도넛을 먹다

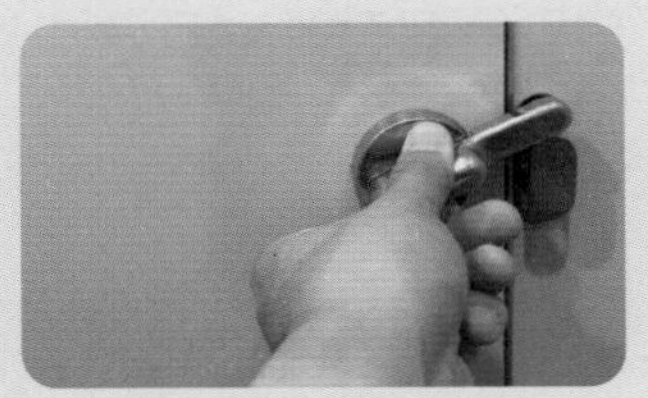
lock the door
문을 잠그다

❶ 너는 문을 잠갔어? Did you

❷ 너는 천둥소리 들었어?

• hear은 소리가 들리는 것이고, listen은 일부러 듣는 거예요.

❸ 네가 내 도넛 먹었어?

win the game
경기를 이기다

hit the ball
공을 치다

turn off the light
불을 끄다

❹ 그가 공을 쳤어요? Did he

❺ 그들이 경기를 이겼어요?

❻ 그녀가 불을 껐어요?

• 불을 '켜다'는 turn on, 불을 '끄다'는 turn off라고 해요.

Check-up Pattern 09-10

A 알맞은 문장에 ✓표를 하세요.

1. 나는 펜이 없었어.

ⓐ **I don't** have a pen.

ⓑ **I didn't** have a pen.

2. 그들은 대답하지 않았다.

ⓐ **They didn't** answer.

ⓑ **They don't** answer.

3. 너는 그를 봤어?

ⓐ **Did you** see him?

ⓑ **Do you** see him?

4. 그가 공을 쳤어요?

ⓐ **Does he** hit the ball?

ⓑ **Did he** hit the ball?

B 알맞은 표현을 써서 문장을 완성하세요.

I didn't　　We didn't　　Did you　　Did she

1. 우리는 거짓말하지 않았어. → ____________ lie.

2. 너는 잘 잤어? → ____________ sleep well?

3. 나는 웃지 않았어. → ____________ laugh.

4. 그녀가 경기를 이겼어요? → ____________ win the game?

C 그림을 참고하여 상황에 알맞은 문장을 쓰세요.

1. A:

네가 내 도넛 먹었지? (eat my doughnut)

2. B: No.

아니. 난 아무것도 안 먹었어. (eat anything)

3. A:

문 잠갔어? (lock the door)

B: Yes, I did. 응, 잠갔어.

4. A:

불 껐어? (turn off the light)

B: No, I didn't. 아니, 안 껐어.

5.

그녀는 양치질을 안 했어요. (brush her teeth)

6.

그는 샤워를 안 했어요. (take a shower)

Weekly Review Pattern 01-10

A 사진을 보고 알맞은 단어를 고르세요.

1. 

Look at the (tiger / monkey).

Look at the (zebra / bear).

2. 

Put on your (scarf / skirt).

Put on your (jacket / gloves).

3. 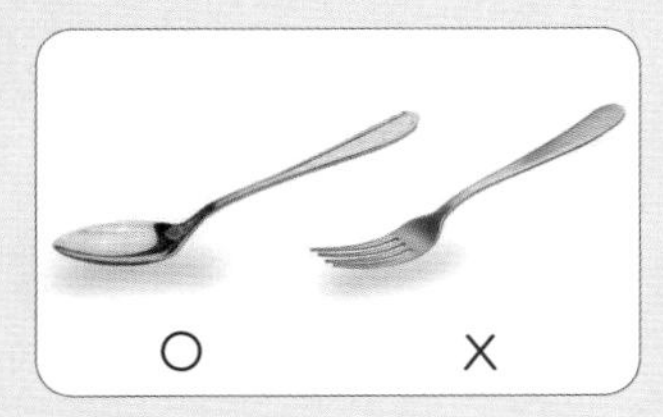

I need a (spoon / fork).

I don't need a (spoon / fork).

4. 

He has a (watch / phone).

He doesn't have a (watch / phone).

5. 

A: Do you live in (Japan / China)?

B: No. I live in (Japan / China).

6. 

A: Does she need a (skirt / swimsuit)?

B: No. She needs a (skirt / swimsuit).

B 알맞은 패턴과 표현을 찾아서 연결하세요.

	한국어	패턴	표현
1.	대문을 닫아라.	Put on	the gate.
2.	동물원에 가자.	Close	the zoo.
3.	이 치마를 입어.	Don't	this skirt.
4.	밀지 마.	Let's go to	push.

	한국어	패턴	표현
5.	우리는 그 노래를 몰라.	Do you	see him?
6.	너는 칼이 필요하니?	We don't	answer.
7.	나는 대답하지 않았다.	I didn't	need a knife?
8.	너를 그를 봤어?	Did you	know the song.

C 빈칸에 알맞은 표현을 써서 문장을 완성하세요.

1.

Sit down, ❶ ________ !

❷ ________ your book.

앉아 주세요! / 여러분의 책을 펴세요.

2.

A: ❶ ________ meet at three.

B: Okay. ❷ ________ be late.

A: 3시에 만나자. / B: 좋아. 늦지 마.

3.

❶ ________ know her name.

❷ ________ know her name.

난 그녀의 이름을 몰라. / 그는 그녀의 이름을 몰라.

4.

A: ❶ ________ see the frog?

B: No, ❷ ________ see anything.

A: 저 개구리 보여? / B: 아니, 나는 아무것도 안 보여.

5.

A: ❶ ________ hear the thunder?

B: No. ❷ ________ hear anything.

A: 천둥소리 들었어? / B: 아니. 나는 아무것도 못 들었어.

D 빈칸에 알맞은 표현을 써서 글을 완성하세요.

A: Look at the snowman.

B: Wow! ❶ __________ make a snowman.

A: I don't have gloves.

B: ❷ __________ these gloves.

A: Thank you. Let's go!

➡ A: 눈사람 좀 봐. B: **와! 눈사람 만들자.** A: 난 장갑이 없어.
B: **이 장갑 껴.** A: 고마워. 가자!

A: Let's go to the beach.

B: Do you know the way?

A: No. But don't worry.

B: ❸ __________ have a map?

A: No. ❹ __________ need a map. I have a phone.

➡ A: 바닷가에 가자. B: 너는 길을 알아? A: 아니. 하지만 걱정하지 마. B: **너 지도 있어?**
A: 아니. **우리는 지도 필요 없어.** 나에게 핸드폰이 있어.

다음 문장을 영어로 표현할 수 있나요?

- □ 나는 TV를 보고 있어.
- □ 음악 듣고 있어?
- □ 그는 저녁을 먹고 있었어.
- □ 그녀는 울고 있었어?
- □ 버스가 오고 있어.

***Point**

현재 일어나고 있는 일을 묘사할 때 쓰는 '현재진행형'과 과거에 일어나고 있었던 일을 설명할 때 쓰는 '과거진행행'을 패턴으로 연습합니다. 주어와 시제에 맞춰 be동사가 달라지는 것에 숙달되도록 예문을 통해 충분히 훈련하도록 합니다. 이 과정을 통해 다양한 동사 표현도 함께 익히게 됩니다.

Week 2

진행형 패턴

하고 있는 일 표현하기

I'm -ing

나는 ~하고 있다

✦ fly는 '날다'이고, flying은 '날고 있는'이에요.

✦ 이처럼 동사 뒤에 -ing를 붙이면 '~하고 있는'이라는 의미가 돼요.

✦ '나는 ~하고 있다'라고 할 때는 I'm 뒤에 〈동사-ing〉를 써요.

기본패턴

I'm singing. 나는 노래하고 있어.

I'm watching TV. 나는 TV를 보고 있어.

sing 노래하다 **watch** 보다 **TV** 텔레비전

✦ '나는 ~하고 있지 않다'라고 하려면 I'm not 뒤에 〈동사-ing〉를 써요.

응용패턴

I'm not crying. 나는 울고 있지 않아.

I'm not sleeping. 나는 안 자고 있어.

I sing. 나는 노래한다.
I'm singing. 나는 노래하고 있다.
I'm not singing. 나는 노래하고 있지 않다.

Choose!

(I watch / I'm watching) TV. 나는 TV를 보고 있어.

패턴에 알맞은 표현을 넣어 문장을 완성하세요. 

read a book
책을 읽다

have breakfast
아침을 먹다

do my homework
내 숙제를 하다

❶ 나는 책을 읽고 있어. I'm ______ ing

• read는 '읽다'이고, reading은 '읽고 있는'이에요.

❷ 나는 (내) 숙제를 하고 있어.

❸ 나는 아침을 먹고 있어.

• have는 e를 없애고 -ing를 붙여요. have → having

run
뛰다

laugh
웃다

play games
게임을 하다

❹ 나는 웃고 있지 않아. I'm not ______ ing

❺ 나는 안 뛰고 있어.

• run은 n을 한 번 더 쓰고 -ing를 붙여요. run → running

❻ 저는 게임하고 있지 않아요.

Pattern 12

I was -ing

나는 ~하고 있었다

✦ 과거에 '나는 ~하고 있었다'라고 할 때는 I was 뒤에 〈동사-ing〉를 써요.

✦ 할아버지는 과거에 피노키오를 찾고 있었다면서 I was 뒤에 looking for you (너를 찾고 있는)를 사용해 말했어요.

기본패턴

I was reading a book.	나는 책을 읽고 있었어.
I was having breakfast.	나는 아침을 먹고 있었어.

read 읽다 **have** 먹다 **breakfast** 아침밥

 I'm reading a book. 나는 책을 읽고 있어. (현재)
I was reading a book. 나는 책을 읽고 있었어. (과거)

✦ 과거에 '나는 ~하고 있지 않았다'라고 하려면 I was not 뒤에 〈동사-ing〉를 써요.

응용패턴

I was not running.	나는 달리고 있지 않았어.
I was not playing games.	나는 게임 안 하고 있었어.

run 달리다 **play games** 게임을 하다

Choose!

(I was playing / I am playing) games. 나는 게임을 하고 있었어.

패턴에 알맞은 표현을 넣어 문장을 완성하세요. 

listen to music
음악을 듣다

study English
영어를 공부하다

help my mom
나의 엄마를 돕다

jump
점프하다, 뛰다

watch TV
TV를 보다

clean my room
내 방을 청소하다

❶ 나는 영어를 공부하고 있었어.

I was ______ ing

❷ 나는 엄마를 돕고 있었어.

❸ 나는 음악을 듣고 있었어.

❹ 나는 점프하고 있지 않았어.

I was not ______ ing

❺ 나는 TV를 안 보고 있었어.

❻ 나는 내 방을 청소하고 있지 않았어.

Check-up Pattern 11-12

A 알맞은 문장에 ✓표를 하세요.

1. 나는 책을 읽고 있어.
ⓐ **I read** a book.
ⓑ **I'm reading** a book.

2. 나는 점프하고 있지 않아.
ⓐ **I don't** jump.
ⓑ **I'm not** jump**ing**.

3. 나는 아침을 먹고 있었어.
ⓐ **I was** hav**ing** breakfast.
ⓑ **I'm** hav**ing** breakfast.

4. 나는 TV를 안 보고 있었어.
ⓐ **I'm not** watch**ing** TV.
ⓑ **I was not** watch**ing** TV.

B 알맞은 표현을 써서 문장을 완성하세요.

I was helping　I'm doing　I'm not running　I was not cleaning

1. 나는 숙제를 하고 있어. → ____________ my homework.

2. 나는 달리고 있지 않아. → ____________.

3. 나는 엄마를 돕고 있었어. → ____________ my mom.

4. 나는 내 방을 청소하고 있지 않았어. → ____________ my room.

C 그림을 참고하여 상황에 알맞은 문장을 쓰세요.

1. ______________________

나는 울고 있는 거 아니야. (cry)

2. ______________________

나는 웃고 있는 거야. (laugh)

3. ______________________

나는 게임하고 있지 않아요. (play games)

4. ______________________

나는 영어를 공부하고 있어요. (study English)

5. ______________________

나는 안 자고 있었어요. (sleep)

6. ______________________

나는 음악을 듣고 있었어요. (listen to music)

Pattern 13

You're -ing

너는 ~하고 있다

✦ cry는 '울다'이고, crying은 '울고 있는'이에요.

✦ 왕자가 지금 울고 있기 때문에 You're 뒤에 crying을 썼어요.

✦ You're 뒤에 〈동사-ing〉를 넣어서 '너는 ~하고 있다'라고 표현해 봐요.

기본패턴

You're **eating pizza.**	너는 피자를 먹고 있구나.
You're **doing well.**	너는 잘하고 있어.

pizza 피자 do 하다

✦ 과거에 '너는 ~하고 있었다'라고 하려면 You were 뒤에 〈동사-ing〉를 써요.

응용패턴

You were **swimming.**	너는 수영하고 있었어.
You were **watching a movie.**	너는 영화를 보고 있었어.

swim 수영하다 movie 영화

swim은 m을 한 번 더 쓰고 -ing를 붙여요.
swim → swimming

Choose!

(You're doing / You were doing) well. 너는 잘하고 있어.

Practice

패턴에 알맞은 표현을 넣어 문장을 완성하세요. 

lie
거짓말하다

build a tower
탑을 쌓다

paint a picture
그림을 그리다

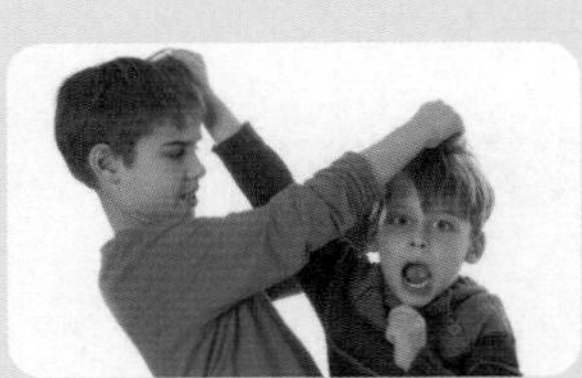

fight
싸우다

make cookies
쿠키를 만들다

wear a hat
모자를 쓰다

❶ 너는 그림을 그리고 있구나.

You're ______ing

• draw는 (색)연필·펜 등으로 그리는 것이고, paint는 물감으로 색칠하면서 그리는 거예요.

❷ 너희는 탑을 쌓고 있구나.

______

❸ 너는 거짓말하고 있어.

______

• lie는 ie를 y로 고치고 -ing를 붙여요. lie → lying

❹ 너희들은 싸우고 있었어.

You were ______ing

❺ 너는 쿠키를 만들고 있었어.

______

• make는 e를 없애고 -ing를 붙여요. make → making

❻ 너는 모자를 쓰고 있었어.

______

Pattern 14
Are you -ing?

너는 ~하고 있어?

✦ sleep은 '자다'이고, sleeping은 '자고 있는'이에요.

✦ 빨간모자는 할머니에게 주무시고 있냐고 묻기 위해 Are you 뒤에 sleeping을 사용했어요.

✦ Are you 뒤에 〈동사-ing〉를 써서 '너는 ~하고 있어?'라고 물어봐요.

기본패턴

Are you making cookies? 너는 쿠키를 만들고 있어?

Are you listening to music? 너는 음악을 듣고 있어?

make 만들다 cookie 쿠키 listen to ~을 듣다 music 음악

✦ Were you 뒤에 〈동사-ing?〉를 쓰면 '너는 ~하고 있었어?'라는 말이 돼요.

응용패턴

Were you fighting? 너희들 싸우고 있었어?

Were you doing your homework? 너는 숙제하고 있었어?

fight 싸우다 homework 숙제

비교
You are fighting. 너희는 싸우고 있구나.
Are you fighting? 너희는 싸우고 있어?
Were you fighting? 너희는 싸우고 있었어?

Choose!

(Are you making / Were you making) cookies? 너는 쿠키를 만들고 있어?

Practice 패턴에 알맞은 표현을 넣어 문장을 완성하세요.

wait for a bus
버스를 기다리다

look at the picture
그 그림을 보다

have fun
재미있게 보내다

❶ 너는 재미있게 보내고 있어?

Are you ______ ing

• fun은 '재미'이고, have fun은 '재미있게 보내다/놀다'예요.

❷ 너는 저 그림을 보고 있는 거야?

❸ 너는 버스를 기다리고 있어?

write a letter
편지를 쓰다

study math
수학을 공부하다

watch a soccer game
축구 경기를 보다

❹ 너는 수학 공부를 하고 있었어?

Were you ______ ing

❺ 너는 편지를 쓰고 있었어?

• write는 e를 없애고 -ing를 붙여요. write → writing

❻ 너는 축구 경기를 보고 있었어?

Check-up Pattern 13-14

A 알맞은 문장에 ✓표를 하세요.

1. 너는 잘하고 있어.
   ⓐ **You do** well.
   ⓑ **You're doing** well.

2. 너는 탑을 쌓고 있었어.
   ⓐ **You're** build**ing** a tower.
   ⓑ **You were** build**ing** a tower.

3. 너는 버스를 기다리고 있어?
   ⓐ **Are you** wait**ing** for a bus?
   ⓑ **Were you** wait**ing** for a bus?

4. 너는 수영하고 있었어?
   ⓐ **Were you** swimm**ing**?
   ⓑ **Are you** swimm**ing**?

B 알맞은 표현을 써서 문장을 완성하세요.

Are you making　Were you writing　You're painting　You were wearing

1. 너는 그림을 그리고 있구나. ➔ ________ a picture.
2. 너는 쿠키를 만들고 있어? ➔ ________ cookies?
3. 너는 모자를 쓰고 있었어. ➔ ________ a hat.
4. 너는 편지를 쓰고 있었어? ➔ ________ a letter?

C 그림을 참고하여 상황에 알맞은 문장을 쓰세요.

1. ______________________
너는 거짓말하고 있잖아. (lie)

2. ______________________
난 거짓말하고 있는 거 아니야. (lie)

3. ______________________
너는 나를 보고 있는 거니? (look at me)

4. No. ______________________
아니. 나는 저 그림을 보고 있어. (look at the picture)

5. ______________________
너는 숙제하고 있었어? (do your homework)

6. No. ______________________
아니. 나는 음악을 듣고 있었어. (listen to music)

We're -ing

우리는 ~하고 있다

✦ build는 '짓다', building은 '짓고 있는'이에요.

✦ 아기 돼지들은 집을 짓고 있다면서 We're 뒤에 building을 써서 말했어요.

✦ 〈We're/They're 동사-ing〉로 '우리는/그들은 ~하고 있다'라고 표현해 보세요.

기본패턴

We're going home.	우리는 집에 가고 있어.
They're writing a letter.	그들은 편지를 쓰고 있다.

go 가다 **home** 집 **write** 쓰다 **letter** 편지

✦ 과거에 '우리는/그들은 ~하고 있었다'는 We/They were 뒤에 〈동사-ing〉를 써서 나타내요.

응용패턴

We were playing together.	우리는 같이 놀고 있었다.
They were having fun.	그들은 재미있게 보내고 있었다.

play 놀다 **have fun** 재미있게 보내다

We're having fun. 우리는 재미있게 보내고 있어.
We were having fun. 우리는 재미있게 보내고 있었어.

Choose!

(We're going / We were going) home. 우리는 집에 가고 있었어.

패턴에 알맞은 표현을 넣어 문장을 완성하세요. 

sing together
같이 노래하다

fish
낚시하다

have lunch
점심을 먹다

❶ 우리는 낚시하고 있어.

We're ing

• fish는 '생선, 물고기' 외에 '낚시하다'라는 뜻도 있어요.

❷ 우리는 같이 노래하고 있어.

❸ 그들은 점심을 먹고 있다.

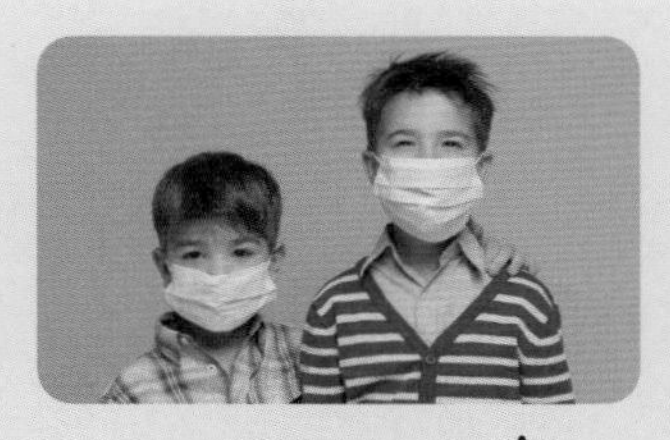
wear a mask
마스크를 쓰다

clean the house
집을 청소하다

build a sandcastle
모래성을 쌓다

❹ 우리는 집을 청소하고 있었어.

We were ing

❺ 그들은 마스크를 쓰고 있었다.

❻ 그들은 모래성을 쌓고 있었다.

He's -ing

그는 ~하고 있다

✦ hide는 '숨다'이고, hiding은 '숨고 있는' 이에요.

✦ 나그네가 숨고 있어서 He's 뒤에 hiding (숨고 있는)을 썼어요.

✦ 〈He's 동사-ing〉은 '그는 ~하고 있다', 〈She's 동사-ing〉은 '그녀는 ~하고 있다' 예요.

기본패턴

He's coming. 그는 오고 있어.

She's cleaning the house. 그녀는 집을 청소하고 있어.

clean 청소하다 house 집

✦ '그/그녀는 ~하고 있어?'라고 물으려면 Is he/she 뒤에 〈동사-ing?〉를 써요.

응용패턴

Is he fishing? 그는 낚시를 하고 있어?

Is she cooking dinner? 그녀는 저녁을 만들고 있어?

fish 낚시하다 cook 요리하다 dinner 저녁 식사

He's coming. 그는 오고 있어.
Is he coming? 그는 오고 있어?

Choose!

(She's cleaning / Is she cleaning) the house. 그녀는 집을 청소하고 있어.

Practice 패턴에 알맞은 표현을 넣어 문장을 완성하세요.

wash his hands
그의 손을 씻다

sit alone
혼자 앉아 있다

drink coffee
커피를 마시다

❶ 그는 손을 씻고 있어. He's ______ ing

❷ 그녀는 커피를 마시고 있어. ______

❸ 그녀는 혼자 앉아 있어. ______

• sit은 t를 한 번 더 쓰고 -ing를 붙여요. sit → sitting

wash the dishes
설거지하다

wear a helmet
헬멧을 쓰다

wait for me
나를 기다리다

❹ 그는 설거지하고 있어? Is he ______ ing

• wash the dishes는 '그릇들을 씻다', 즉 '설거지하다'라는 뜻이에요.

❺ 그녀는 나를 기다리고 있어? ______

❻ 그녀는 헬멧을 쓰고 있어? ______

Check-up Pattern 15-16

A 알맞은 문장에 ✓표를 하세요.

1. 우리는 집에 가고 있어.
   ⓐ **We go** home.
   ⓑ **We're going** home.

2. 그녀는 혼자 앉아 있어.
   ⓐ **She sits** alone.
   ⓑ **She's sitting** alone.

3. 그들은 같이 노래하고 있었어.
   ⓐ **They are** sing**ing** together.
   ⓑ **They were** sing**ing** together.

4. 그녀는 나를 기다리고 있어?
   ⓐ **Is she waiting** for me?
   ⓑ **Does she wait** for me?

B 알맞은 표현을 써서 문장을 완성하세요.

We're wearing   We were washing   He's having   Is he drinking

1. 그는 점심을 먹고 있어. ➔ ______________ lunch.
2. 우리는 마스크를 쓰고 있어. ➔ ______________ a mask.
3. 우리는 손을 씻고 있었어. ➔ ______________ our hands.
4. 그는 커피를 마시고 있어? ➔ ______________ coffee?

C 그림을 참고하여 상황에 알맞은 문장을 쓰세요.

1.

우리는 싸우고 있지 않아요. (fight)

2.

우리는 함께 놀고 있는 거예요. (play together)

3.

그들은 낚시를 하고 있지 않아. (fish)

4.

그들은 모래성을 쌓고 있어. (build a sandcastle)

5.

그는 저녁을 만들고 있는 거야? (cook dinner)

6. No.

아니. 그는 설거지를 하고 있어. (wash the dishes)

Pattern 17
It's -ing
그것은 ~하고 있다

✦ snow는 '눈이 오다'이고, snowing은 '눈이 오고 있는'이에요.

✦ 날씨를 말할 때는 It으로 시작하는데, 지금 눈이 내리고 있어서 It's 뒤에 snowing을 썼어요.

✦ 날씨 외에도 '그것은 ~하고 있다'라고 할 때는 It's 뒤에 〈동사-ing〉를 써요.

기본패턴

It's **fly**ing.	그것은 날고 있어.
It's **mov**ing.	그것은 움직이고 있어.

fly 날다 **move** 움직이다

 move는 e를 없애고 -ing를 붙여요. move → moving

✦ '그것은 ~하고 있어?'라고 물으려면 Is it 뒤에 〈동사-ing?〉를 써요.

응용패턴

Is it **sleep**ing?	그것은 자고 있어?
Is it **com**ing **here**?	그것은 여기로 오고 있어?

 come은 e를 없애고 -ing를 붙여요. come → coming

Choose!

(It's sleeping. / Is it sleeping?) 그것은 자고 있어?

Practice 패턴에 알맞은 표현을 넣어 문장을 완성하세요. 050 051

rain
비가 오다

go down
내려가다

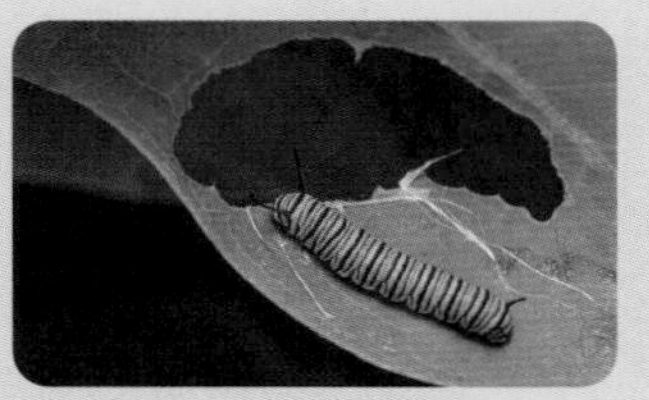

eat a leaf
나뭇잎을 먹다

❶ 그것은 내려가고 있어. It's ____ing

❷ 그것은 나뭇잎을 먹고 있어. ____________

❸ 비가 오고 있어. (= 지금 비 와.) ____________

snow
눈이 오다

go up
올라가다

look at me
나를 보다

❹ 그것은 올라가고 있어?  Is it ____ing

❺ 그것은 나를 보고 있어? ____________

❻ 눈 오고 있어? (= 지금 눈 와?) ____________

Pattern 18

He was -ing

그는 ~하고 있었다

✦ watch는 '지켜보다'이고, watching은 '지켜보고 있는'이에요.

✦ 장난감 병정이 과거에 지켜보고 있었다는 뜻으로 He was 뒤에 watching을 썼어요.

✦ 과거에 '그는/그녀는/그것은 ~하고 있었다'는 He/She/It was 뒤에 〈동사-ing〉를 써요.

기본패턴

He was looking at me. 그는 나를 보고 있었다.

It was flying slowly. 그것은 천천히 날고 있었다.

look at ~을 보다 me 나를 slowly 천천히

✦ '그는/그녀는/그것은 ~하고 있었어?'라고 물으려면 Was he/she/it 뒤에 〈동사-ing?〉를 넣어요.

응용패턴

Was she crying? 그녀는 울고 있었어요?

Was it snowing? 눈이 오고 있었어?

snow 눈이 오다

정리

~하고 있다	~하고 있었다
I am -ing	I was -ing
You/We/They are -ing	You/We/They were -ing
He/She/It is -ing	He/She/It was -ing

Choose!

(He is looking / He was looking) at me. 그는 나를 보고 있었어요.

Practice 패턴에 알맞은 표현을 넣어 문장을 완성하세요. 053 054

cut paper
종이를 자르다

watch a baseball game
야구 경기를 보다

run fast
빨리 달리다

❶ 그는 야구 경기를 보고 있었다.

He was ______ing

❷ 그녀는 종이를 자르고 있었다.

• cut은 t를 한 번 더 쓰고 -ing를 붙여요. cut → cutting

❸ 그것은 빨리 달리고 있었다.

• run은 n을 한 번 더 쓰고 -ing를 붙여요. run → running

rain
비가 오다

ride a bike
자전거를 타다

make juice
주스를 만들다

❹ 그는 자전거를 타고 있었어요?

Was he ______ing

• ride는 e를 없애고 -ing를 붙여요. ride → riding

❺ 그녀는 주스를 만들고 있었어요?

• make는 e를 없애고 -ing를 붙여요. make → making

❻ 비가 오고 있었어요?

Check-up Pattern 17-18

A 알맞은 문장에 ✓표를 하세요.

1. 그것은 날고 있어.

ⓐ **It flys.**

ⓑ **It's flying.**

2. 그녀는 나를 보고 있었다.

ⓐ **She is** look**ing** at me.

ⓑ **She was** look**ing** at me.

3. 그는 울고 있었다.

ⓐ **He was** cry**ing.**

ⓑ **He is** cry**ing.**

4. 그것은 움직이고 있어?

ⓐ **Is it** mov**ing**?

ⓑ **Was it** mov**ing**?

B 알맞은 표현을 써서 문장을 완성하세요.

It's running   Is it going   She was cutting   Was she making

1. 그녀는 종이를 오리고 있었다. → ________________ paper.

2. 그녀는 주스를 만들고 있었어요? → ________________ juice?

3. 그것은 빠르게 달리고 있어. → ________________ fast.

4. 그것은 올라가고 있어? → ________________ up?

C 그림을 참고하여 상황에 알맞은 문장을 쓰세요.

1. ______

그 애는 자전거를 타고 있었다. (ride a bike)

2. But ______

그런데 그 애는 헬멧을 안 쓰고 있었다. (wear a helmet)

3. ______

그는 안 자고 있었어요. (sleep)

4. ______

그는 야구 경기를 보고 있었어요. (watch a baseball game)

5. A: ______

비 오고 있어? (rain)

6. B: No. ______

아뇨. 비 안 와요. 눈이 오고 있어요. (rain, snow)

Pattern 19

The cat is -ing

고양이는 ~하고 있다

✦ The cat(고양이)이 단수이고 현재 일이어서 is를 썼어요.

✦ 지금 오고 있어서 come(오다)에 -ing를 붙인 coming(오고 있는)을 썼어요.

✦ 단수 주어 뒤에 is와 〈동사-ing〉를 사용해서 '~은 ~하고 있다'라고 표현해 봐요.

기본패턴

Spring is coming. 봄이 오고 있어.

The door is opening. 문이 열리고 있어.

spring 봄 door 문 open 열리다, 열다

비교 Spring comes. 봄이 온다.
Spring is coming. 봄이 오고 있다.

✦ 복수 주어 뒤에 are와 〈동사-ing〉를 써서 '~들은 ~하고 있다'라고 표현해 봐요.

응용패턴

Birds are singing in the trees. 새들이 나무에서 노래하고 있다.

My friends are waiting for me. 내 친구들이 나를 기다리고 있다.

bird 새 tree 나무 friend 친구 wait for ~을 기다리다

Tip spring, door는 단수라서 is를 쓰고 birds, friends는 복수라서 are를 써요.

Choose!

The door (is opening / are opening). 문이 열리고 있다.

Practice 패턴에 알맞은 표현을 넣어 문장을 완성하세요.  

rise
올라가다, 떠오르다

ring
(전화벨이) 울리다

wear black shoes
검은색 신발을 신다

fall
떨어지다

fly
날다

dance
춤추다

❶ 전화가 울리고 있어. + the phone 전화기

The phone is ______ing

❷ 해가 떠오르고 있다. + the sun 해

____

• rise는 e를 없애고 -ing를 붙여요. rise → rising

❸ 에이미는 검은색 신발을 신고 있다. + Amy 에이미

____

❹ 아이들은 춤을 추고 있다. + the kids 아이들

The kids are ______ing

• dance는 e를 없애고 -ing를 붙여요. dance → dancing

❺ 나뭇잎들이 떨어지고 있다. + the leaves 나뭇잎들

____

• leaf(나뭇잎)의 복수형은 leaves예요.

❻ 나비들이 날고 있다. + the butterflies 나비들

____

• butterfly(나비)의 복수형은 butterflies예요.

Pattern 20

The water was -ing

물이 ~하고 있었다

✦ The water(물)가 단수이고 과거 일이어서 was를 썼어요.

✦ 끓고 있었기 때문에 boil(끓다)에 -ing를 붙인 boiling(끓고 있는)을 썼어요.

✦ 단수 주어 뒤에 was와 〈동사-ing〉를 써서 '~은 ~하고 있었다'라고 표현해 봐요.

기본패턴

The bus was coming. 버스가 오고 있었다.

Snow was falling. 눈이 내리고 있었다.

bus 버스 **snow** 눈 **fall** 떨어지다, 내리다

✦ 복수 주어 뒤에 were와 〈동사-ing〉를 써서 '~들은 ~하고 있었다'라고 표현해 봐요.

응용패턴

The boys were playing basketball.
남자애들은 농구를 하고 있었다.

The girls were dancing to the music.
여자애들은 음악에 맞춰 춤추고 있었다.

play basketball 농구를 하다 **to the music** 음악에 맞춰

bus, snow는 단수라서 was를 쓰고
boys, girls는 복수라서 were를 써요.

Choose!

The girls (were dancing / was dancing). 여자애들은 춤을 추고 있었다.

Practice 패턴에 알맞은 표현을 넣어 문장을 완성하세요.  

smile
미소 짓다

yawn
하품하다

fly a kite
연을 날리다

❶ 한 아이가 연을 날리고 있었다. + a child 한 아이

A child was ______ing

• fly는 '날다' 외에 '날리다'라는 뜻도 있어요.

❷ 그 여자는 미소 짓고 있었다. + the woman 그 여자

• smile은 e를 없애고 -ing를 붙여요. smile → smiling

❸ 그의 아빠는 하품을 하고 있었다. + his dad 그의 아빠

carry a box
상자를 나르다

play in the snow
눈에서 놀다

swim at the beach
바닷가에서 수영하다

❹ 아이들이 눈에서 놀고 있었다. + the children 아이들

The children were ______ing

• child(아이)의 복수형은 children이에요.

❺ 남자 두 명이 상자를 나르고 있었다. + two men 남자 두 명

• man(남자)의 복수형은 men이에요.

❻ 사람들이 바닷가에서 수영을 하고 있었다. + people 사람들

Check-up Pattern 19-20

A 알맞은 문장에 ✓표를 하세요.

1. 에이미는 검은색 신발을 신고 있다.
   ⓐ Amy **is wearing** black shoes.
   ⓑ Amy **are wearing** black shoes.

2. 나뭇잎들이 떨어지고 있다.
   ⓐ The leaves **is falling**.
   ⓑ The leaves **are falling**.

3. 해가 떠오르고 있었어.
   ⓐ The sun **is rising**.
   ⓑ The sun **was rising**.

4. 남자 두 명이 상자를 나르고 있었어.
   ⓐ Two men **are carrying** a box.
   ⓑ Two men **were carrying** a box.

B 알맞은 표현을 써서 문장을 완성하세요.

are singing　　was falling　　is ringing　　were playing

1. 전화가 울리고 있어. → The phone ______________ .
2. 눈이 내리고 있었다. → Snow ______________ .
3. 새들이 나무에서 노래하고 있어. → Birds ______________ in the trees.
4. 아이들이 눈에서 놀고 있었다. → The children ______________ in the snow.

C 그림을 참고하여 상황에 알맞은 문장을 쓰세요.

1.

잭은 연을 날리고 있다. (Jack, fly a kite)

2.

그의 아빠는 하품을 하고 있다. (his dad, yawn)

3.

봄이 오고 있다. (spring, come)

4.

나비들이 날고 있다. (the butterflies, fly)

5.

그 남자아이는 버스를 기다리고 있었다. (the boy, wait for a bus)

6.

그 버스가 오고 있었다. (the bus, come)

Weekly Review Pattern 11-20

A 사진을 보고 알맞은 단어를 고르세요.

1. 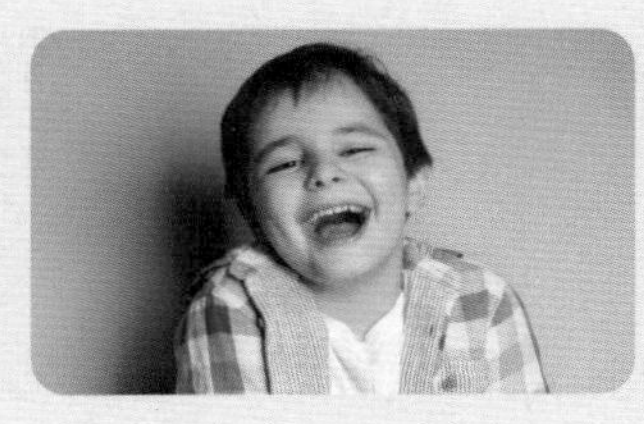

I'm (crying / laughing).

I'm not (crying / laughing).

2. 

I was (jumping / running).

I was not (jumping / running).

3. 

She's (cooking / sitting) alone.

She's (waiting / washing) for me.

4. 

He's (smiling / yawning).

He's not (smiling / yawning).

5. 

She was (riding / wearing) a bike.

She was (riding / wearing) a helmet.

6. 

Is it (snowing / raining)?

No. It's (snowing / raining).

B 알맞은 패턴과 표현을 찾아서 연결하세요.

1.	나는 아침을 먹고 있어.	We're	writing a letter?
2.	우리는 집에 가고 있어.	I'm	going home.
3.	그는 커피를 마시고 있어요.	He's	having breakfast.
4.	너는 편지를 쓰고 있어?	Are you	drinking coffee.

5.	그것은 움직이고 있어.	The sun is	flying slowly.
6.	그것은 천천히 날고 있었다.	It's	rising.
7.	그녀는 종이를 자르고 있었다.	It was	moving.
8.	해가 뜨고 있어.	She was	cutting paper.

C 빈칸에 알맞은 표현을 써서 문장을 완성하세요.

1. 

❶ ______ a picture.

❷ ______ my room.

나는 그림을 그리고 있어.(paint) / 나는 내 방을 청소하고 있지 않아.(clean)

2. 

A: ❶ ______ games?

B: No. ❷ ______ a book.

A: 너는 게임을 하고 있어?(play) / B: 아니. 나는 책을 읽고 있어.(read)

3. 

A: ❶ ______ breakfast?

B: Yes. ❷ ______ juice.

A: 그녀는 아침을 만들고 있어요?(make) / B: 응. 그녀는 주스를 만들고 있어.(make)

4. 

A: ❶ ______ ?

B: No. ❷ ______ .

A: 그는 울고 있었어?(cry) / B: 아니. 그는 자고 있었어.(sleep)

5. 

The kids ❶ ______ .

❷ ______ fun.

아이들은 춤을 추고 있어.(dance) / 그들은 재미있게 보내고 있어.(have)

D 빈칸에 알맞은 표현을 써서 글을 완성하세요.

Snow is falling.

The kids are playing in the

snow. They ❶ ______________

a snowman. They ❷ ______________.

They are having fun.

➡ 눈이 내리고 있다. 아이들이 눈에서 놀고 있다. **그들은 눈사람을 만들고 있다.**(make)
그들은 웃고 있다.(laugh) 그들은 즐겁게 보내고 있다.

A: Are you studying?

B: No. I'm watching a soccer game.

❸ ______________ your homework?

A: No. ❹ ______________ to music.

B: Okay. Have a good time!

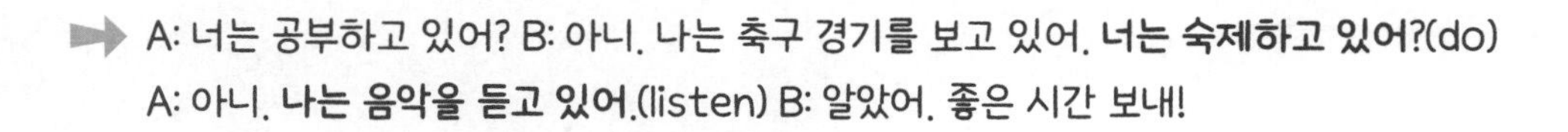

➡ A: 너는 공부하고 있어? B: 아니, 나는 축구 경기를 보고 있어. **너는 숙제하고 있어?**(do)
A: 아니, **나는 음악을 듣고 있어.**(listen) B: 알았어, 좋은 시간 보내!

다음 문장을 영어로 표현할 수 있나요?

- ☐ 나는 피아노 칠 수 있어.
- ☐ 그는 자전거 못 타.
- ☐ 침대 위에서 뛰면 안 돼.
- ☐ 나 좀 도와줄래?
- ☐ 나는 피아니스트가 될 거야.

*Point

가장 많이 쓰이는 조동사인 can과 will 패턴을 배웁니다. can과 will이 들어간 문장을 반복해서 만들다 보면 can/will의 의미를 자연스럽게 이해하고 문장에서 알맞은 위치에 쓸 수 있게 됩니다. 처음부터 '조동사'라는 개념을 설명하기보다는 많은 문장을 통해 can/will을 접해 본 후 이것들이 '조동사'이고 조동사 뒤에는 동사원형을 쓴다고 정리해 주면 좋습니다.

Week 3

can & will 패턴

할 수 있는 일
& 앞으로 할 일 표현하기

I can...

나는 ~할 수 있다

✦ can은 '~할 수 있다'라는 뜻이에요.

✦ 내가 할 수 있는 것을 말할 때는 I can 뒤에 동사를 써요.

✦ 토끼는 빨리 달릴 수 있다면서 I can...을 사용했어요.

기본패턴

I can **swim.**	나는 수영할 수 있어.
I can **play the piano.**	나는 피아노를 칠 수 있어.

play the piano 피아노를 치다

✦ 주어를 바꿔서 연습해 봐요. can은 주어에 따라 형태가 바뀌지 않아요.

응용패턴

She can **help you.**	그녀는 너를 도와줄 수 있어.
We can **win this game.**	우리는 이 경기를 이길 수 있어.

help 돕다 **win** 이기다 **game** 경기, 게임

can 뒤에는 항상 동사원형(동사의 원래 형태)을 써요.
She can swims. (×) She can swim. (O)

Choose!

(I can / I do) swim. 나는 수영할 수 있어.

Practice 패턴에 알맞은 표현을 넣어 문장을 완성하세요. 062 063

skate
스케이트 타다

run fast
빨리 달리다

make fried rice
볶음밥을 만들다

❶ 나는 스케이트 탈 수 있어. I can

❷ 나는 빨리 달릴 수 있어.

• fast는 '빠른'도 되고 '빨리'도 돼요.

❸ 나는 볶음밥을 만들 수 있어.

jump high
높이 점프하다

ski
스키 타다

fix the computer
컴퓨터를 고치다

❹ 우리는 스키 탈 수 있어. We can

❺ 그녀는 높이 점프할 수 있어.

• He/She 뒤에서도 can의 형태는 바뀌지 않아요.

❻ 그는 컴퓨터를 고칠 수 있어.

I can't...

나는 ~할 수 없다 / 나는 ~을 못 한다

✦ 내가 할 수 없는 것, 못하는 것을 말할 때는 I cannot... 뒤에 동사를 써요.

✦ cannot을 줄여서 can't라고 할 때가 많아요.

✦ 개미는 수영을 못한다면서 I can't...를 사용했어요.

기본패턴

I can't ski. 나는 스키를 못 타.

I can't open it. 나는 그것을 못 열겠어.

ski 스키를 타다

✦ 주어를 바꿔서 연습해 봐요. can't도 주어에 따라 형태가 바뀌지 않아요.

응용패턴

We can't skate. 우리는 스케이트를 못 타.

He can't fix the computer. 그는 컴퓨터를 못 고쳐.

skate 스케이트 타다 **fix** 고치다 **computer** 컴퓨터

can't 뒤에도 항상 동사원형을 써요.
He can't swims. (X) He can't swim. (O)

Choose!

(I can / I can't) ski. 나는 스키를 못 타.

Practice 패턴에 알맞은 표현을 넣어 문장을 완성하세요.  

play the piano
피아노를 치다

jump rope
줄넘기하다

find my bag
내 가방을 찾다

climb a tree
나무에 오르다

ride a bike
자전거를 타다

speak Chinese
중국어를 말하다

❶ 나는 줄넘기를 못 해.

I can't

• jump rope는 '줄(rope)을 뛰어넘다(jump)', 즉 '줄넘기하다'라는 뜻이에요.

❷ 나는 피아노를 못 쳐.

❸ 나는 내 가방을 못 찾겠어.

❹ 그는 자전거를 못 타.

He can't

❺ 그녀는 나무에 못 올라가.

❻ 우리는 중국어를 못 해.

Check-up Pattern 21-22

A 알맞은 문장에 ✓표를 하세요.

1. 나는 스케이트 탈 수 있어.
   ⓐ **I can** skate.
   ⓑ **I can't** skate.

2. 우리는 나무에 못 올라가.
   ⓐ **We can** climb a tree.
   ⓑ **We can't** climb a tree.

3. 그는 높이 점프할 수 있어.
   ⓐ **He can** jump high.
   ⓑ **He can't** jump high.

4. 그녀는 볶음밥을 못 만들어.
   ⓐ **She can** make fried rice.
   ⓑ **She can't** make fried rice.

B 알맞은 표현을 써서 문장을 완성하세요.

I can　We can　I can't　He can't

1. 나는 스키를 탈 수 있어. → ________ ski.
2. 나는 내 가방을 못 찾겠어. → ________ find my bag.
3. 우리는 중국어를 할 수 있어. → ________ speak Chinese.
4. 그는 그것을 못 열어. → ________ open it.

C 그림을 참고하여 상황에 알맞은 문장을 쓰세요.

1. ______________________
나는 줄넘기할 수 있어. (jump rope)

2. ______________________
나는 줄넘기 못 해. (jump rope)

3. ______________________
우리는 수영을 못 해. (swim)

4. ______________________
그들은 수영을 빨리 할 수 있어. (swim fast)

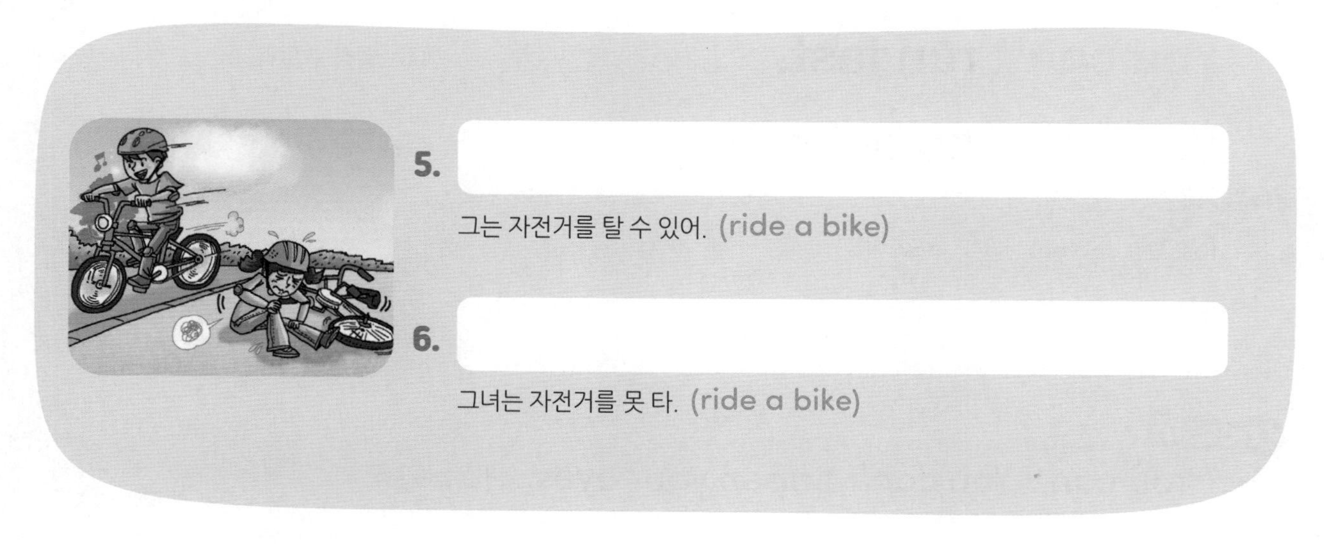

5. ______________________
그는 자전거를 탈 수 있어. (ride a bike)

6. ______________________
그녀는 자전거를 못 타. (ride a bike)

You can...

너는 ~할 수 있다 / 너는 ~해도 된다

✦ You can...은 '너는 ~할 수 있다'라는 뜻이에요.

✦ You can...은 '너는 ~해도 돼'라는 뜻으로도 많이 쓰여요.

✦ 할머니는 아이들이 자기 집에 머물러도 된다면서 You can...을 사용했어요.

기본패턴

You can do it. 너는 그것을 할 수 있어.

You can open your eyes. 너는 눈을 떠도 돼.

do 하다 eye 눈

친구를 응원할 때 You can do it.이라고 말해 주세요.

✦ You can't...는 '너는 ~할 수 없어', '너는 ~하면 안 돼'라는 뜻이에요.

응용패턴

You can't run fast. 너는 빨리 못 달려.

You can't go out now. 너는 지금 나가면 안 돼.

fast 빨리 go out 나가다 now 지금

Choose!

(You can / You can't) open your eyes. 너는 눈을 떠도 돼.

Practice 패턴에 알맞은 표현을 넣어 문장을 완성하세요.  

use my pen
내 펜을 쓰다

save time
시간을 아끼다

eat ice cream
아이스크림을 먹다

❶ 너는 시간을 아낄 수 있어. You can

❷ 너는 아이스크림을 먹어도 돼.

❸ 너는 내 펜을 써도 돼.

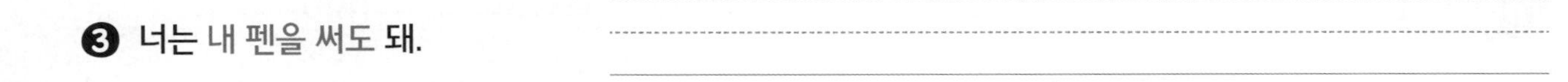

catch me
나를 잡다

talk here
여기에서 얘기하다

jump on the bed
침대 위에서 뛰다

❹ 너는 나를 못 잡아. You can't

❺ 너는 침대 위에서 뛰면 안 돼.

❻ 너희는 여기에서 얘기하면 안 돼.

• 서로 얘기를 나누는 것은 보통 talk로 표현해요.

Wise men can...

지혜로운 사람들은 ~할 수 있다

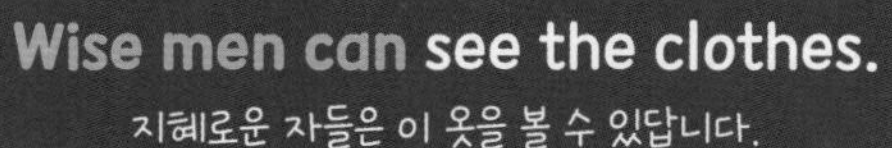

✦ 주어 Wise men 뒤에 can을 써서 '지혜로운 사람들은 ~할 수 있다'라는 말이 됐어요.

✦ can 앞에 다양한 주어를 넣어 봐요.

✦ can은 주어에 따라 형태가 바뀌지 않아요.

기본패턴

Dogs can **swim.** 개들은 헤엄칠 수 있다.

Amy can **dance very well.** 에이미는 춤을 아주 잘 출 수 있다.

dog 개 very well 아주 잘

✦ can't 앞에 다양한 주어를 넣어서 '~는 ~을 못 해'라고 표현해 봐요.

응용패턴

Penguins can't **fly.** 펭귄들은 못 날아.

The boy can't **climb a tree.** 그 남자아이는 나무에 못 올라가.

penguin 펭귄 climb 오르다

can't도 주어에 따라 형태가 바뀌지 않아요.

Choose!

Penguins (can / can't) fly. 펭귄들은 못 날아.

Practice

패턴에 알맞은 표현을 넣어 문장을 완성하세요. 071 072

play tennis
테니스를 치다

make cookies
쿠키를 만들다

jump high
높이 점프하다

use chopsticks
젓가락을 사용하다

play the guitar
기타를 치다

go to school
학교에 가다

❶ 줄리는 테니스를 칠 수 있다. + Julie 줄리

Julie can

❷ 고양이들은 높이 점프할 수 있다. + cats 고양이들

❸ 나의 엄마는 쿠키를 만들 수 있다. + my mom 나의 엄마

❹ 나의 아빠는 기타를 못 쳐. + my dad 나의 아빠

My dad can't

❺ 그 아이들은 학교에 못 가. + the kids 그 아이들

❻ 내 여동생은 젓가락질을 못 해. + my sister 내 여동생

• 젓가락은 두 짝이 한 쌍이므로 항상 복수형인 chopsticks를 사용해요.

Check-up Pattern 23-24

A 알맞은 문장에 ✓표를 하세요.

1. 너는 시간을 아낄 수 있어.
   ⓐ **You can** save time.
   ⓑ **You can't** save time.

2. 너는 침대 위에서 뛰면 안 돼.
   ⓐ **You can** jump on the bed.
   ⓑ **You can't** jump on the bed.

3. 개들은 헤엄칠 수 있다.
   ⓐ Dogs **can** swim.
   ⓑ Dogs **can't** swim.

4. 나의 아빠는 기타를 칠 수 있다.
   ⓐ My dad **can** play the guitar.
   ⓑ My dad **can't** play the guitar.

B 알맞은 표현을 써서 문장을 완성하세요.

You can　　can't use　　can make　　You can't

1. 너는 눈을 떠도 돼. → ________ open your eyes.
2. 너희는 여기에서 얘기하면 안 돼. → ________ talk here.
3. 나의 엄마는 쿠키를 만들 수 있다. → My mom ________ cookies.
4. 그 아이들은 젓가락질을 못 해. → The kids ________ chopsticks.

C 그림을 참고하여 상황에 알맞은 문장을 쓰세요.

1. ______________________

펭귄은 못 날아. (penguins, fly)

2. ______________________

펭귄은 헤엄칠 수 있어. (penguins, swim)

3. ______________________

너는 아이스크림 먹어도 돼. (eat ice cream)

4. ______________________

너는 아이스크림 먹으면 안 돼. (eat ice cream)

5. ______________________

나의 아빠는 테니스를 칠 수 있다. (my dad, play tennis)

6. ______________________

나의 엄마는 테니스를 못 친다. (my mom, play tennis)

Pattern 25

Can you...?

너는 ~할 수 있어? / ~ 좀 해 줄래?

change into ~으로 변하다 mouse 쥐

✦ You can...의 순서를 바꾼 Can you...?는 '너는 ~할 수 있어?' 하고 묻는 말이에요.

✦ 고양이는 거인에게 쥐로 변할 수 있냐면서 Can you...?로 물었어요.

✦ Can you...?는 '~좀 해 줄래?' 하고 부탁할 때도 자주 사용해요.

기본패턴

Can you skate? 너는 스케이트 탈 수 있어?

Can you help me? 나 좀 도와줄래?

✦ Can you...?보다 더 공손하게 부탁하려면 Could you...?(~ 좀 해 주시겠어요?)를 사용해요.

응용패턴

Could you open the window? 창문 좀 열어 주시겠어요?

Could you stand up? 좀 일어서 주시겠어요?

window 창문 stand up 일어서다

Stand up. 일어서. (명령하거나 지시하는 말)
Can you stand up? 일어서 줄래? (부탁하는 말)
Could you stand up? 좀 일어서 주시겠어요? (공손하게 부탁하는 말)

Choose!

(You can / Can you) help me? 나 좀 도와줄래?

패턴에 알맞은 표현을 넣어 문장을 완성하세요. 

draw a lion
사자를 그리다

drive
운전하다

give me some water
나에게 물을 주다

❶ 운전할 수 있어요? Can you

❷ 너는 사자를 그릴 수 있어?

❸ 나에게 물 좀 줄래?

• 부탁할 때도 Can you...?를 자주 사용해요.

close the window
창문을 닫다

turn on the fan
선풍기를 켜다

turn off the fan
선풍기를 끄다

❹ 창문 좀 닫아 주시겠어요? 

❺ 선풍기 좀 켜 주시겠어요?

• 전자 제품을 '켜다'는 turn on을 써요.

❻ 선풍기 좀 꺼 주시겠어요?

• 전자 제품을 '끄다'는 turn off를 써요.

Pattern 26

Can I...?

내가 ~해도 될까?

✦ '내가 ~해도 될까?' 하면서 상대방의 허락을 구할 때는 Can I...?로 시작해요.

✦ 미운오리새끼는 같이 놀아도 되냐면서 Can I...?로 물었어요.

✦ Can I 뒤에 동사를 써서 물어보세요.

기본패턴

Can I go home? 저는 집에 가도 돼요?

Can I use your phone? 내가 네 핸드폰 좀 써도 될까?

use 사용하다 **phone** 전화기

✦ May I...?는 '제가 ~해도 될까요?'라는 뜻으로, Can I...?보다 더 조심스럽게 묻는 표현이에요.

응용패턴

May I borrow your pen? 제가 당신 펜 좀 빌려도 될까요?

May I ask you something? 제가 뭐 좀 물어봐도 될까요?

borrow 빌리다 **ask** 묻다 **something** 뭔가

Choose!

(Can I / Can you) use your phone? 내가 네 핸드폰 좀 써도 될까?

Practice 패턴에 알맞은 표현을 넣어 문장을 완성하세요.

use your pen
네 펜을 사용하다

eat this cake
이 케이크를 먹다

play outside
밖에서 놀다

use your computer
네 컴퓨터를 쓰다

speak to Tim
팀과 통화하다

borrow your phone
네 핸드폰을 빌리다

❶ 내가 이 케이크 먹어도 돼?

Can I ______________________

❷ 내가 네 펜 좀 써도 될까?

____

❸ 저는 밖에서 놀아도 돼요?

____

❹ 제가 당신 컴퓨터 좀 써도 될까요?

May I ______________________

❺ 제가 당신 핸드폰 좀 빌려도 될까요?

____

❻ 제가 팀과 통화할 수 있을까요?

____

• '~와 통화하다'는 speak to로 표현해요.

Check-up Pattern 25-26

A 알맞은 문장에 ✓표를 하세요.

1. 운전할 수 있어요?
   ⓐ **Can you** drive?
   ⓑ **Can I** drive?

2. 창문 좀 열어 주시겠어요? (정중한 부탁)
   ⓐ **Can I** open the window?
   ⓑ **Could you** open the window?

3. 저는 집에 가도 돼요?
   ⓐ **Can you** go home?
   ⓑ **Can I** go home?

4. 제가 당신 핸드폰 좀 빌려도 될까요?
   ⓐ **Could you** borrow your phone?
   ⓑ **May I** borrow your phone?

B 알맞은 표현을 써서 문장을 완성하세요.

Can you help　Could you turn off　Can I use　May I borrow

1. 내가 네 컴퓨터 좀 써도 될까? → ______________ your computer?
2. 제가 당신 펜 좀 빌려도 될까요? → ______________ your pen?
3. 나 좀 도와줄래? → ______________ me?
4. 선풍기 좀 꺼 주시겠어요? → ______________ the fan?

C 그림을 참고하여 상황에 알맞은 문장을 쓰세요.

1. Dad! ____________________
   아빠! 피아노 칠 수 있어요? (play the piano)

2. ____________________
   기타 칠 수 있어요? (play the guitar)

3. ____________________
   저 밖에서 놀아도 돼요? (play outside)

4. ____________________
   저 저 애랑 놀아도 돼요? (play with him)

5. ____________________
   선풍기 좀 켜 줄래? (turn on the fan)

6. ____________________
   나한테 물 좀 줄래? (give me some water)

I will...

나는 ~할 것이다

✦ will은 '~할 것이다'라는 뜻이에요.

✦ 미래에 '나는 ~할 거야'라고 할 때는 I will 뒤에 동사를 써요.

✦ 부인은 구두를 사겠다면서 I will...을 사용했어요.

기본패턴

I will go home. 나는 집에 갈 거야.

I will study hard. 나는 열심히 공부할 거야.

study 공부하다 hard 열심히

✦ will 앞에 다양한 주어를 넣어 보세요. will은 주어에 따라 형태가 바뀌지 않아요.

응용패턴

You will like it. 너는 그게 마음에 들 거야.

She will be angry. 그녀는 화를 낼 거야.

like 좋아하다, 마음에 들다 angry 화가 난

 can, will처럼 동사 앞에서 뜻을 보충해 주는 것을 '조동사'라고 해요. 조동사는 주어에 따라 형태가 바뀌지 않고, 뒤에는 항상 동사원형을 써요.

Choose!

(I will / I can) study hard. 나는 열심히 공부할 거야.

문장 읽기 1회☐ 2회☐

Practice 패턴에 알맞은 표현을 넣어 문장을 완성하세요.  

be a pianist
피아니스트가 되다

practice hard
열심히 연습하다

have a hamburger
햄버거를 먹다

❶ 나는 햄버거 먹을래. I will

❷ 나는 피아니스트가 될 거야.

❸ 나는 열심히 연습할 거야.

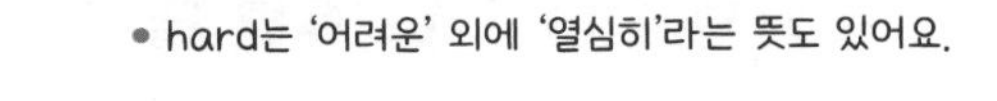
• hard는 '어려운' 외에 '열심히'라는 뜻도 있어요.

be surprised
놀라다

take a bus
버스를 타다

be home
집에 오다

❹ 우리는 버스를 탈 거야. We will

❺ 그녀는 놀랄 거야.

❻ 그는 곧 집에 올 거야.
+ soon 곧

• soon(곧)처럼 시간을 나타내는 표현은 보통 문장 끝에 써요.

I won't...

나는 ~하지 않을 것이다

✦ '나는 ~하지 않을 것이다'라고 할 때는 I will not...으로 시작해요.

✦ I will not을 줄여서 I won't...라고 할 때가 많아요.

✦ 램프 요정은 알라딘을 해치지 않을 거라면서 I won't...를 사용했어요.

기본패턴

I won't take a taxi.	나는 택시를 안 탈 거야.
I won't do that again.	나는 다시는 안 그럴게요.

take a taxi 택시를 타다　do that 그렇게 하다　again 다시

✦ 주어를 바꿔서 연습해 보세요. won't는 주어에 따라 형태가 바뀌지 않아요.

응용패턴

He won't be surprised.	그는 놀라지 않을 거야.
It won't be easy.	그것은 쉽지 않을 거야.

surprised 놀란　easy 쉬운

Choose!

(It will / It won't) be easy. 그것은 쉽지 않을 거야.

Practice 패턴에 알맞은 표현을 넣어 문장을 완성하세요. 

tell anyone
누군가에게 말하다

be late
늦다

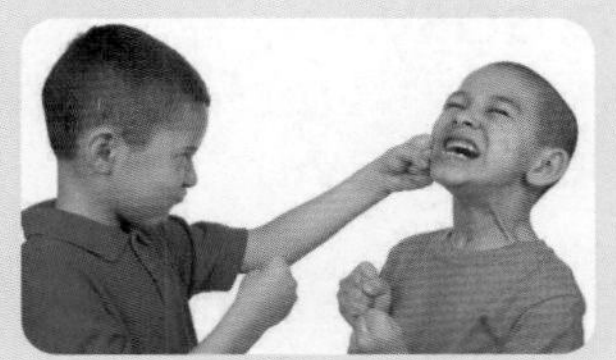

hit him
그를 때리다

fight
싸우다

be disappointed
실망하다

be hard
어렵다, 힘들다

❶ 나는 늦지 않을게요.

I won't

❷ 나는 아무에게도 말하지 않을게.

• tell(말하다)은 다른 사람에게 이야기를 전달한다는 의미예요.

❸ 나는 다시는 그를 때리지 않을게요. + again 다시

❹ 그것은 어렵지 않을 거야.

It won't

❺ 너는 실망하지 않을 거야.

❻ 우리는 다시는 싸우지 않을게요. + again 다시

Check-up Pattern 27-28

A 알맞은 문장에 ✓표를 하세요.

1. 나는 버스를 탈 거야. ⓐ **I can** take a bus. ⓑ **I will** take a bus.	**2.** 나는 다시는 안 그럴게요. ⓐ **I will** do that again. ⓑ **I won't** do that again.
3. 너는 그게 마음에 들 거야. ⓐ **You will** like it. ⓑ **You won't** like it.	**4.** 그것은 쉽지 않을 거야. ⓐ **It will** be easy. ⓑ **It won't** be easy.

B 알맞은 표현을 써서 문장을 완성하세요.

will have　　will take　　won't be　　won't tell

1. 우리는 택시를 탈 거야. → We ________ a taxi.

2. 나는 햄버거 먹을래. → I ________ a hamburger.

3. 나는 아무에게도 말하지 않을게. → I ________ anyone.

4. 너는 실망하지 않을 거야. → You ________ disappointed.

C 그림을 참고하여 상황에 알맞은 문장을 쓰세요.

1.

나는 피아니스트가 될 것이다. (be a pianist)

2.

나는 열심히 연습할 것이다. (practice hard)

3.

아빠가 곧 집에 올 거예요. (my dad, be home, soon)

4.

그는 놀랄 거예요. (be surprised)

5.

저는 다시는 그 애를 안 때릴게요. (hit him, again)

6.

우리는 다시는 안 싸울게요. (fight, again)

Will you...?

너는 ~할 거야? / ~ 좀 해 줄래?

✦ You will...의 순서를 바꾼 Will you...?는 '너는 ~할 거야?'라고 묻는 말이에요.

✦ Will you...?는 특히 '~해 줄래?' 하면서 부탁할 때 자주 사용해요.

✦ 피노키오는 용서해 달라고 부탁하면서 Will you...?를 사용했어요.

기본패턴

Will you help me? 나 좀 도와줄래?

Will you fix this? 이것 좀 고쳐 줄래?

✦ Will you...?보다 더 정중하게 부탁하려면 Would you...?(~ 좀 해 주시겠어요?)를 사용해요.

응용패턴

Would you close the door? 문 좀 닫아 주시겠어요?

Would you stop it, please? 그것 좀 그만해 주시겠어요?

close 닫다 stop 그만하다

상대방에게 '~좀 해 줄래?' 하고 부탁할 때는
Can you...? / Will you...?를 모두 사용할 수 있어요.
좀 더 정중하게 부탁하려면 Could you...? / Would you...?를 사용해요.

Choose!

(You will / Will you) help me? 나 좀 도와줄래?

패턴에 알맞은 표현을 넣어 문장을 완성하세요.  

open the bottle
병을 열다

be quiet
조용히 하다

forgive me
나를 용서하다

open the door
문을 열다

teach me
나를 가르치다

keep a secret
비밀을 지키다

❶ 조용히 좀 해 줄래?

Will you

❷ 병 좀 열어 줄래?

❸ 나를 좀 용서해 줄래?

❹ 문 좀 열어 주시겠어요?

Would you

❺ 비밀 좀 지켜 주시겠어요?

• keep은 '지키다', secret은 '비밀'이라는 뜻이에요.

❻ 저 좀 가르쳐 주시겠어요? + please 제발, 부디

• please를 붙이면 더 정중한 부탁이 돼요.

Pattern 30
I'll never...
나는 절대 ~하지 않을 것이다

✦ I'll은 I will의 줄임말이고, never는 '절대 ~하지 않다'라는 뜻이에요.

✦ 따라서 I'll never...는 '나는 절대 ~하지 않을 것이다'라는 뜻이 돼요.

✦ 여왕은 앨리스를 절대 용서하지 않을 거라면서 I'll never...를 사용했어요.

기본패턴

I'll never go there.	나는 거기에 절대 안 갈 거야.
I'll never tell anyone.	나는 절대 아무한테도 말하지 않을게.

there 거기에 **tell** 말하다 **anyone** 누군가

비교 I won't go there. 나는 거기에 안 갈 거야.
I'll never go there. 나는 절대 거기에 안 갈 거야. (더 강한 느낌)

✦ 주어를 바꿔서 연습해 보세요.

응용패턴

You'll never find it.	너는 절대 그것을 못 찾을 거야.
She'll never come back.	그녀는 절대 돌아오지 않을 거야.

find 찾다 **come back** 돌아오다

Tip You'll = You will
She'll = She will
He'll = He will

Choose!

(I won't / I'll never) tell anyone. 나는 절대 아무한테도 말하지 않을게.

Practice 패턴에 알맞은 표현을 넣어 문장을 완성하세요.  

lie
거짓말하다

touch anything
뭐든 만지다

talk to her
그녀와 얘기하다

understand
이해하다

catch him
그를 잡다

forget you
너를 잊다

❶ 나는 절대 아무것도 안 만질게.

I'll never

❷ 나는 절대 다시는 거짓말 안 할게요. + again 다시

❸ 나는 절대 그녀와 얘기 안 할 거야.

❹ 그녀는 절대 이해하지 못할 거야.

She'll never

❺ 우리는 절대 너를 잊지 않을 거야.

❻ 너는 절대 그를 못 잡을 거야.

Check-up Pattern 29-30

A 알맞은 문장에 ✓표를 하세요.

1. 그 병 좀 열어 줄래?
   ⓐ **You will** open the bottle?
   ⓑ **Will you** open the bottle?

2. 문 좀 닫아 줄래?
   ⓐ **Will you** close the door?
   ⓑ **I won't** close the door?

3. 나는 너를 절대 잊지 않을 거야.
   ⓐ **I'll never** forget you.
   ⓑ **I'll** forget you.

4. 너는 절대 그 애를 못 잡을 거야.
   ⓐ **You won't** catch him.
   ⓑ **You'll never** catch him.

B 알맞은 표현을 써서 문장을 완성하세요.

Will you be　　Would you teach　　I'll never　　We'll never

1. 저 좀 가르쳐 주시겠어요? → ______________ me?

2. 조용히 좀 해 줄래? → ______________ quiet?

3. 우리는 절대 너를 잊지 않을 거야. → ______________ forget you.

4. 나는 절대 다시는 거짓말 안 할게요. → ______________ lie again.

C 그림을 참고하여 상황에 알맞은 문장을 쓰세요.

1. ______________________________
저 좀 도와주실래요? (would, help me)

2. ______________________________
이것 좀 고쳐 주실래요? (would, fix this)

3. ______________________________
비밀 지켜 줄래? (will, keep a secret)

4. Yes. ______________________________
응. 절대 아무한테도 말 안 할게. (tell anyone)

5. ______________________________
나는 절대 다시는 저 애랑 안 놀 거야.
(play with her, again)

6. ______________________________
나는 절대 다시는 저 애랑 말하지 않을 거야.
(talk to her, again)

Weekly Review Pattern 21-30

A 사진을 보고 알맞은 단어를 고르세요.

1. 

I can (ski / skate).

I can't (ski / skate).

2. 

She can (jump rope / climb a tree).

She can't (jump rope / climb a tree).

3. 

You can (talk / study) here.

You can't (talk / study) here.

4. 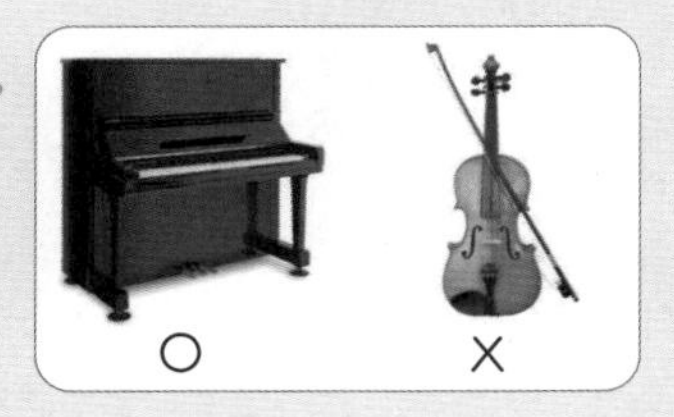

Can you play the (violin / piano)?

No. But I can play the (violin / piano).

5. 

We will take a (bus / taxi).

We won't take a (bus / taxi).

6. 

I will be a (singer / pianist).

I will (practice / fight) hard.

B 알맞은 패턴과 표현을 찾아서 연결하세요.

1. 나는 높이 뛸 수 있어.	Can you	jump high.
2. 나는 내 가방을 못 찾겠어.	I can	help me?
3. 나 좀 도와 줄래?	I can't	use your pen?
4. 내가 네 펜 좀 써도 될까?	Can I	find my bag.

5. 나는 햄버거를 먹을 거야.	I will	be late.
6. 병 좀 열어 줄래?	I won't	open the bottle?
7. 나는 늦지 않을 거야.	I'll never	have a hamburger.
8. 나는 절대 다시는 거짓말 안 할게요.	Will you	lie again.

C 빈칸에 알맞은 표현을 써서 문장을 완성하세요.

1.

❶ ______ run fast.

❷ ______ catch me.

나는 빨리 달릴 수 있어. / 너는 나를 못 잡아.

2.

A: ❶ ______ drive?

B: No. ❷ ______ take a taxi.

A: 당신은 운전할 수 있어요? / B: 아니. 우리는 택시를 탈 거야.

3.

A: ❶ ______ eat this ice cream?

B: No. ❷ ______ eat ice cream.

A: 제가 이 아이스크림 먹어도 돼요? / B: 아니. 넌 아이스크림 먹으면 안 돼.

4.

❶ ______ make a pizza today.

❷ ______ help me?

나는 오늘 피자를 만들 거야. / 나를 좀 도와줄래?(can)

5.

❶ ______ fight again.

❷ ______ forgive me?

우리는 다시는 싸우지 않을게요. / 저를 용서해 주실래요?(would)

D 빈칸에 알맞은 표현을 써서 글을 완성하세요.

My dad can't make fried rice.

But he can fix the computer.

❶ ________ fix the computer.

But she can make fried rice.

Me? ❷ ________ make them laugh!

➡ 나의 아빠는 볶음밥을 못 만들어요. 하지만 그는 컴퓨터를 고칠 수 있어요.
나의 엄마는 컴퓨터를 못 고쳐요. 하지만 그녀는 볶음밥을 만들 수 있어요.
저요? **저는 그들을 웃게 할 수 있어요!**

A: Can you play the piano?

B: No. I can't. Can you teach me?

A: Okay. ❸ ________ teach you.

B: Thank you. ❹ ________ practice hard.

➡ A: 너는 피아노 칠 수 있어? B: 아니, 못 쳐요. 저 좀 가르쳐 주실래요?
A: 좋아. **내가 너를 가르쳐 줄게.** B: 고마워요. **저는 열심히 연습할게요.**

다음 문장을 영어로 표현할 수 있나요?

- ☐ 지붕 위에 고양이가 있어.
- ☐ 이 근처에 화장실이 있어요?
- ☐ 남은 표가 없었어.
- ☐ 수건 여기 있어.
- ☐ 그것은 거미 같아 보여.

***Point**

알아두면 정말 유용한 There is 패턴을 배웁니다. There is와 There are를 구별해 사용하면서 명사의 단수형과 복수형도 함께 연습하게 됩니다. 2형식 문장인 〈You look+형용사〉, 〈I feel+형용사〉 패턴은 동화책에도 자주 나오고 원어민들도 아주 많이 사용하는 패턴이에요. 예문을 통해 look과 feel의 어감을 익히고 활용에 자신감도 쌓아 보세요.

Week 4

There is 패턴

있다·없다 표현하기

There is...

~이 있다

✦ '~이 있다'라고 할 때는 There is 뒤에 명사(단수)를 써요.

✦ 양치기 소년은 늑대 한 마리가 있다면서 There is 뒤에 a wolf(늑대)를 썼어요.

기본패턴

There is a cat on the roof. 지붕 위에 고양이가 있어.

There is a bear in the cave. 동굴 속에 곰이 있어.

cat 고양이 **roof** 지붕 **bear** 곰 **cave** 동굴

There is... 뒤에는 on the roof(지붕 위에), in the cave(동굴 속에)처럼 장소를 쓸 때가 많아요.

✦ '~이 없다'라고 할 때는 There is not... 또는 줄여서 There isn't...를 사용해요.

응용패턴

There is not a book on the desk. 책상 위에 책이 없어.

There is not any money. 돈이 하나도 없어.

desk 책상 **any** 조금도, 하나도 **money** 돈

any를 붙이면 '하나도/조금도 없다'고 강조하는 말이 돼요.

Choose!

(There is / There is not) a cat on the roof. 지붕 위에 고양이가 있어.

패턴에 알맞은 표현을 넣어 문장을 완성하세요. 

a boat
배

a fish
물고기

a monster
괴물

❶ 물속에 물고기 한 마리가 있다. + in the water 물속에

There is

❷ 강 위에 배가 한 척 있어. + on the river 강 위에

• on the river 같은 장소 표현은 보통 문장 끝에 와요.

❸ 내 방에 괴물이 있어요. + in my room 내 방에

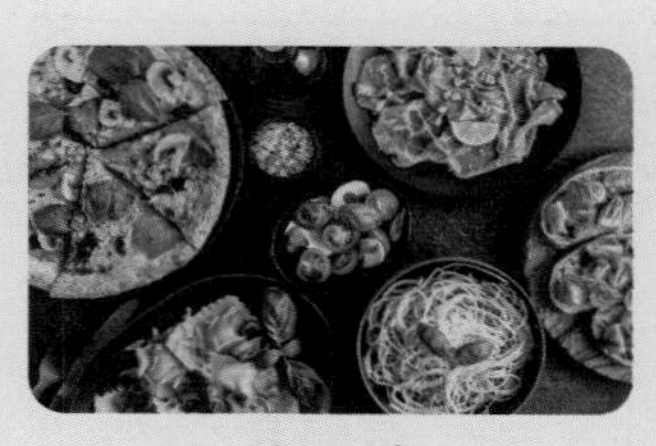

food
음식

a cap
모자

much time
많은 시간

❹ 탁자 위에 모자가 없어. + on the table 탁자 위에

There is not

• cap은 앞에 챙이 달린 모자를 말해요.

❺ 음식이 하나도 없어. + any 조금도, 하나도

❻ 시간이 많지 않아.

There are...

~들이 있다

✦ 한 개(단수)가 있을 때는 There is...를 쓰지만, 두 개 이상(복수)이 있을 때는 There are...를 사용해요.

✦ beautiful swans(아름다운 백조들)는 복수이므로 There are...를 사용했어요.

기본패턴

There are two chairs. 의자가 두 개 있다.

There are some books on the desk. 책상에는 책이 몇 권 있다.

two 두 개의 chair 의자 some 조금

There is a chair. 의자가 하나 있어.
There are two chairs. 의자가 두 개 있어.

✦ 여러 개가 없다고 할 때는 There are not... 또는 줄여서 There aren't...를 사용해요.

응용패턴

There are not many cars. 차들이 많지 않아.

There are not any monsters. 괴물들은 전혀 없어.

many 많은 car 차 monster 괴물

There are (not) 뒤에는 항상 복수형을 써야 해요.

Choose!

(There is / There are) many books. 책이 많이 있다.

Practice 패턴에 알맞은 표현을 넣어 문장을 완성하세요.  

three kids
아이들 세 명

many animals
많은 동물들

some fish
약간의 물고기들

❶ 방에 아이들이 세 명 있어요. + in the room 방에

There are

❷ 동물원에는 동물들이 많이 있다. + in the zoo 동물원에는

❸ 강에 물고기가 조금 있다. + in the river 강에

• fish(물고기)는 복수형도 fish예요. s나 es를 붙이지 않아요.

cookies
쿠키들

enough cups
충분한 컵들

many stars
많은 별들

❹ 하늘에 별이 많지 않아. + in the sky 하늘에

There are not

❺ 쿠키가 하나도 없어. + any 조금도, 하나도

❻ 충분한 컵들이 없어. (= 컵들이 충분하지 않아.)

Check-up Pattern 31-32

A 알맞은 문장에 ✓표를 하세요.

1. 동굴 속에 곰이 있어.
ⓐ **There is** a bear in the cave.
ⓑ **There are** a bear in the cave.

2. 음식이 하나도 없어.
ⓐ **There is not** any food.
ⓑ **There are not** any food.

3. 동물원에는 동물들이 많이 있다.
ⓐ There are **any** animals in the zoo.
ⓑ There are **many** animals in the zoo.

4. 컵들이 충분하지 않다.
ⓐ **There is not** enough cups.
ⓑ **There are not** enough cups.

B 알맞은 표현을 써서 문장을 완성하세요.

There are There are not There is There is not

1. 지붕 위에 고양이가 있어. → ______ a cat on the roof.

2. 하늘에 별이 많이 있다. → ______ many stars in the sky.

3. 책상에는 책이 없다. → ______ a book on the desk.

4. 의자들이 충분하지 않아. → ______ enough chairs.

C 그림을 참고하여 상황에 알맞은 문장을 쓰세요.

1. ______________________________

____

강 위에 배가 한 척 있어요.
(a boat, on the river)

2. ______________________________

____

강에 물고기들이 많구나.
(many fish, in the river)

3. ______________________________

____

내 방에 괴물이 있어요.
(a monster, in my room)

4. ______________________________

괴물은 하나도 없어. (any monster)

5. ______________________________

차들이 많네. (many cars)

6. ______________________________

차들이 많지 않네. (many cars)

Pattern 33

Is there...?

~이 있어?

✦ There is...의 순서를 바꾼 Is there...?은 '~이 있어?'라고 묻는 말이에요.

✦ There is처럼 Is there 뒤에도 단수 명사를 써요.

✦ 골디락스는 누군가 있는지 묻기 위해 Is there...?을 사용했어요.

기본패턴

Is there a computer here? 여기에 컴퓨터가 있어?

Is there a bookstore around here? 이 근처에 서점이 있나요?

bookstore 서점 **around here** 이 근처에

✦ 여러 개가 있는지 물을 때는 Are there...?로 시작하고, 뒤에 복수 명사를 써요.

응용패턴

Are there any cookies left? 남은 쿠키들이 좀 있어?

Are there many stars in the sky? 하늘에 별들이 많이 있어?

left 남은 **sky** 하늘

Choose!

(Is there / Are there) a computer here? 여기에 컴퓨터가 있나요?

패턴에 알맞은 표현을 넣어 문장을 완성하세요.  

a restroom
화장실

a printer
프린터

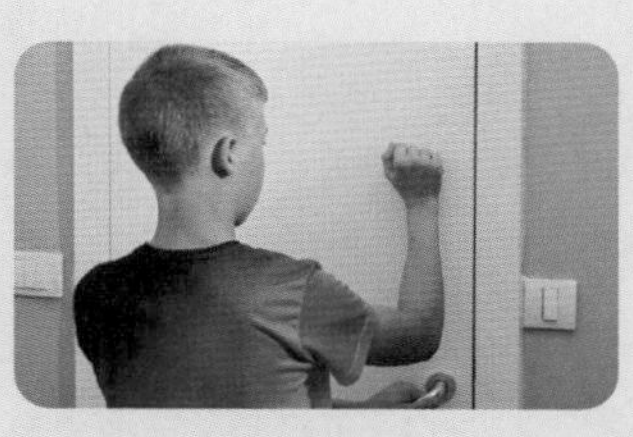
anyone
누구, 누군가

❶ 여기에 프린터가 있어? + here 여기에

Is there

❷ 이 근처에 화장실이 있어요? + around here 이 근처에

❸ 화장실에 누구 있나요? + in the bathroom 화장실에

• bathroom은 집에 있는 화장실이고, restroom은 공원 등에 있는 공공 화장실이에요.

tickets left
남은 표들

clouds
구름들

many people
많은 사람들

❹ 남은 표들이 좀 있어? + any 좀

Are there

❺ 공원에 사람들이 많이 있어? + at the park 공원에

❻ 하늘에 구름들이 좀 있어? + any 좀 in the sky 하늘에

There is no...

~이 없다

✦ 뭔가가 없다고 할 때는 There is no...도 많이 사용해요.

✦ There is no는 There is not보다 없다는 것을 더 강조하는 느낌이에요.

✦ 라푼젤은 문이 없는 것을 강조하려고 There is no...를 사용했어요.

기본패턴

There is no **food.** 음식이 없어.

There is no **money.** 돈이 없어.

food 음식

✦ There are not... 대신 There are no...도 사용할 수 있어요.

응용패턴

There are no **pencils in my bag.** 내 가방에는 연필(들)이 없어.

There are no **clouds in the sky.** 하늘에 구름(들)이 없어.

pencil 연필 cloud 구름

Tip There is no 뒤에는 단수 명사를 쓰고, There are no 뒤에는 복수 명사를 써요.

Choose!

(There is no / There are no) food. 음식이 없어.

패턴에 알맞은 표현을 넣어 문장을 완성하세요.  

ice
얼음

bread
빵

answer
대답

❶ 얼음이 없어.

There is no

❷ 대답이 없어.

• answer는 '대답하다'도 되고, '대답'도 돼요.

❸ 바구니에 빵이 없어. + in the basket 바구니에

students
학생들

socks
양말들

eggs
계란들

❹ 학생들이 없어.

There are no

❺ 서랍에 양말(들)이 없어. + in the drawer 서랍에

❻ 냉장고에 계란(들)이 없어. + in the fridge 냉장고에

Check-up Pattern 33-34

A 알맞은 문장에 ✓표를 하세요.

1. 대답이 없어.
   ⓐ **There is no** answer.
   ⓑ **There are no** answer.

2. 내 가방에 연필들이 없어.
   ⓐ **There is no** pencils in my bag.
   ⓑ **There are no** pencils in my bag.

3. 여기에 프린터가 있어?
   ⓐ **Is there** a printer here?
   ⓑ **Are there** a printer here?

4. 남은 쿠키들이 좀 있어?
   ⓐ **Is there** any cookies left?
   ⓑ **Are there** any cookies left?

B 알맞은 표현을 써서 문장을 완성하세요.

Is there	Are there	There is no	There are no

1. 얼음이 없어. → ______________ ice.
2. 이 근처에 화장실이 있나요? → ______________ a restroom around here?
3. 하늘에 구름(들)이 없어. → ______________ clouds in the sky.
4. 남은 표들이 좀 있어요? → ______________ any tickets left?

C 그림을 참고하여 상황에 알맞은 문장을 쓰세요.

1. ______________________________

____

화장실에 누구 있어요? (anyone, bathroom)

2. ______________________________

____

서랍에 양말이 없어요. (no, socks, drawer)

3. ______________________________

____

바구니에 빵이 없네. (no, bread, basket)

4. ______________________________

____

냉장고에 계란들이 좀 있어? (any, eggs, fridge)

There was...

~이 있었다

✦ 과거에 '~이 있었다'는 There was... 또는 There were...로 시작해요.

✦ 한 개가 있었다면 There was..., 두 개 이상이 있었다면 There were...를 사용해요.

✦ 과거에 큰 폭풍이 있었다고 표현하기 위해 There was...를 사용했어요.

기본패턴

There was bread on the table.
식탁 위에 빵이 있었다.

There were many eggs in the fridge.
냉장고에 계란이 많이 있었다.

bread 빵 table 식탁 egg 계란 fridge 냉장고

✦ 과거에 '~이 없었다'고 할 때는 There was/were no...를 자주 사용해요.

응용패턴

There was no ice. 얼음이 없었다.

There were no tickets left. 남은 표들이 없었다.

ice 얼음 ticket 표

There was 뒤에는 단수 명사를 쓰고,
There were 뒤에는 복수 명사를 써요.

Choose!

(There was / There were) bread on the table. 식탁 위에 빵이 있었다.

패턴에 알맞은 표현을 넣어 문장을 완성하세요. 104 105

a letter
편지

five candles
초 다섯 개

many buildings
많은 건물들

❶ 식탁 위에 편지가 있었다. + on the table 식탁 위에

There was

❷ 그 도시에는 많은 건물들이 있었다. + in the city 그 도시에는

❸ 케이크 위에 초가 다섯 개 있었다. + on the cake 케이크 위에

seats left
남은 자리

food left
남은 음식

homework
숙제

❹ 남은 음식이 없었다.

There was no

❺ 극장에는 남은 자리들이 없었어. + at the theater 극장에는

❻ 오늘은 숙제가 없었어. + today 오늘

Pattern 36
Here is...

여기에 ~이 있다

✦ here은 '여기에'라는 뜻이에요.

✦ 상대방에게 뭔가를 건넬 때 Here is... (여기 ~이 있다)를 사용해요.

✦ 제비는 소녀에게 보석을 주면서 Here is...를 사용했어요.

기본패턴

Here is a towel. 여기 수건이 있어.

Here is your toothbrush. 네 칫솔 여기 있어.

towel 수건 toothbrush 칫솔

✦ 여러 개를 건넬 때는 Here are...(여기에 ~들이 있다)를 사용해요.

응용패턴

Here are some candies. 여기 사탕들이 좀 있어.

Here are your shoes. 네 신발들은 여기 있어.

candies candy(사탕)의 복수형 shoes 신발

Tip Here is 뒤에는 단수 명사를 쓰고, Here are 뒤에는 복수 명사를 써요.

Choose!

(Here is / Here are) some candies. 여기 사탕들이 좀 있어.

Practice 패턴에 알맞은 표현을 넣어 문장을 완성하세요. 107 108

your lunchbox
네 도시락

your water bottle
네 물병

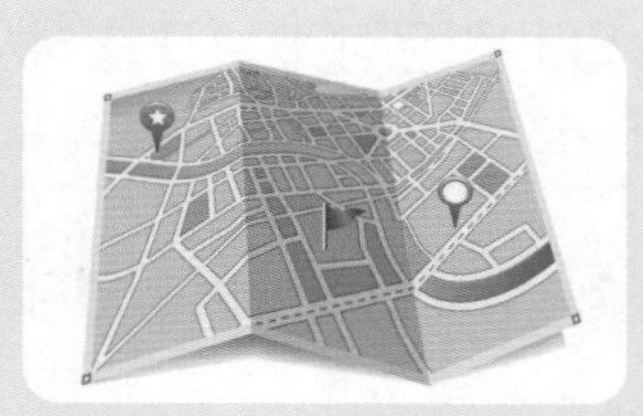

a map
지도

❶ 여기 네 도시락 있어. Here is

❷ 여기 네 물병 있어.

❸ 여기 지도가 있네.

• 찾던 물건을 발견해서 '여기 ~가 있네'라고 할 때도 Here is...를 사용해요.

my glasses
내 안경

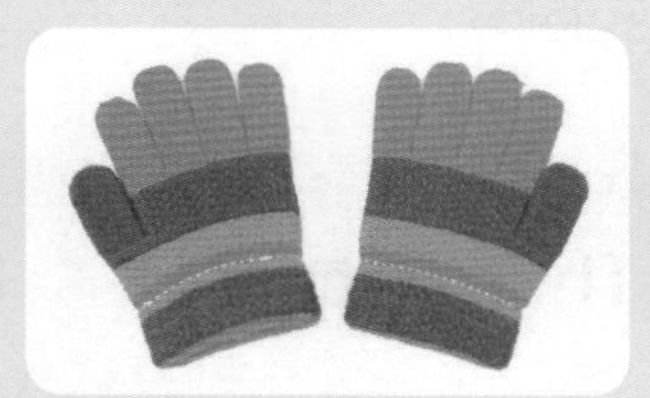

your gloves
네 장갑

some photos
약간의 사진들

❹ 여기 네 장갑들이 있어. Here are

• '장갑'은 두 짝이 한 쌍이므로 복수형인 gloves를 사용해요.

❺ 내 안경이 여기 있구나.

• '안경'은 유리 렌즈가 두 개여서 복수형인 glasses를 사용해요.

❻ 여기에 사진들이 좀 있어요.

Check-up Pattern 35-36

A 알맞은 문장에 ✓표를 하세요.

1. 식탁 위에 빵이 있었다.
   ⓐ **There is** bread on the table.
   ⓑ **There was** bread on the table.

2. 냉장고에 계란이 많이 있었다.
   ⓐ **There was** many eggs in the fridge.
   ⓑ **There were** many eggs in the fridge.

3. 여기 수건 있어.
   ⓐ **There is** a towel.
   ⓑ **Here is** a towel.

4. 내 장갑들이 여기 있구나.
   ⓐ **Here is** my gloves.
   ⓑ **Here are** my gloves.

B 알맞은 표현을 써서 문장을 완성하세요.

There was	There were	Here is	Here are

1. 네 칫솔 여기 있어. → ______________ your toothbrush.
2. 케이크 위에 초가 다섯 개 있었다. → ______________ five candles on the cake.
3. 여기에 사진들이 좀 있어. → ______________ some photos.
4. 식탁 위에 편지가 있었다. → ______________ a letter on the table.

C 그림을 참고하여 상황에 알맞은 문장을 쓰세요.

1. ______

연필은 한 자루 있었어요. (a pencil)

2. ______

크레용(들)은 없었어요. (no, crayons)

3. ______

______

극장에는 사람들이 많았다. (many people, at the theater)

4. ______

남은 자리가 없었다. (no, seats left)

5. ______

여기 네 도시락 있어. (your lunchbox)

6. ______

여기 네 물병 있어. (your water bottle)

Pattern 37

You look...

너는 ~해 보인다

wonderful 아주 멋진

✦ look은 '보다'뿐만 아니라 '보이다'라는 뜻도 있어요.

✦ 상대방이 어때 보이는지 말할 때는 You look 뒤에 *형용사를 써요.

✦ 재단사는 You look...을 이용해 임금님이 멋져 보인다고 말했어요.

기본패턴

You look **happy.**	너는 행복해 보이는구나.
You look **angry.**	너는 화나 보여.

happy 행복한

형용사: 상태·모양 등을 나타내는 말 ⓔ happy 행복한 angry 화난
명사: 이름을 나타내는 말 ⓔ apple 사과 prince 왕자

✦ '너는 ~같아 보인다'라고 할 때는 You look like 뒤에 *명사를 써요.

응용패턴

You look like **a prince.**	너는 왕자 같아 보여.
You look like **a princess.**	너는 공주 같아 보여.

prince 왕자 princess 공주

여기서 like는 '~같이/처럼'이라는 뜻이에요.

Choose!

(You look / You look like) happy. 너는 행복해 보이는구나.

Practice 패턴에 알맞은 표현을 넣어 문장을 완성하세요. 110 111

excited
신이 난

great
대단한, 멋있는

tired
피곤한

❶ 너는 멋있어 보여.
(= 너는 멋있다.)
You look

❷ 너는 신이 나 보이네.

❸ 너는 피곤해 보여.

a magician
마술사

a pirate
해적

a ghost
귀신, 유령

❹ 너는 마술사 같아 보여.
You look like

❺ 너는 귀신 같아 보여.

❻ 너는 해적 같아 보여.

It looks...

그것은 ~해 보인다

✦ 시골쥐는 It looks...를 이용해 케이크가 맛있어 보인다고 말했어요.

✦ 주어가 It/He/She일 때는 s를 붙인 looks를 사용해요.

✦ It/He/She looks 뒤에 형용사를 사용해서 '그것은/그는/그녀는 ~해 보인다'라고 표현해 봐요.

기본패턴

It looks fun. 그건 재미있어 보여.

He looks cute. 그는 귀여워 보여.

fun 재미있는 cute 귀여운

✦ '그것은/그는/그녀는 ~처럼 보인다'라고 할 때는 It/He/She looks like 뒤에 명사를 써요.

응용패턴

It looks like a rabbit. 그건 토끼 같아 보여.

She looks like Tom's mom. 그녀는 톰의 엄마 같아 보여요.

rabbit 토끼 mom 엄마

Choose!

(It looks / It looks like) a rabbit. 그건 토끼 같아 보여.

패턴에 알맞은 표현을 넣어 문장을 완성하세요. 

difficult
어려운

nervous
긴장한

dangerous
위험한

❶ 그건 위험해 보여. It looks

❷ 그건 어려워 보여.

❸ 그녀는 긴장한 것 같아 보여요.

a spider
거미

a model
모델

a chef
요리사

❹ 그건 거미 같아 보여. 

❺ 그녀는 모델 같아 보여요.

❻ 그는 요리사 같아 보여요.

Check-up Pattern 37-38

A 알맞은 문장에 ✓표를 하세요.

1. 너는 화나 보여.
   ⓐ **You look** angry.
   ⓑ **You look like** angry.

2. 그녀는 귀여워 보여요.
   ⓐ **She look** cute.
   ⓑ **She looks** cute.

3. 너는 모델 같아 보여.
   ⓐ **You look** a model.
   ⓑ **You look like** a model.

4. 그는 요리사 같아 보여요.
   ⓐ **He looks** a chef.
   ⓑ **He looks like** a chef.

B 알맞은 표현을 써서 문장을 완성하세요.

You look	You look like	It looks	It looks like

1. 그건 어려워 보여. → ______________ difficult.
2. 너는 멋있어 보여. → ______________ great.
3. 너는 공주 같아 보여. → ______________ a princess.
4. 그건 거미 같아 보여. → ______________ a spider.

C 그림을 참고하여 상황에 알맞은 문장을 쓰세요.

I feel...

나는 ~하는 느낌이다 / 나는 기분이 ~하다

✦ feel은 '느끼다'이므로 I feel...은 '나는 ~하는 느낌이다', '나는 기분이 ~하다'라는 뜻이에요.

✦ 나의 몸 상태나 기분을 말할 때 I feel 뒤에 형용사를 써요.

✦ 백설공주는 I feel...을 이용해 어지러운 느낌을 표현했어요.

기본패턴

I feel **great.**	나는 기분이 아주 좋아.
I feel **better.**	나는 기분이/몸이 좀 나아졌어.

great 아주 좋은 better 더 좋은

Tip be동사 대신 feel을 사용하면 '느낌, 기분'을 강조하는 표현이 돼요.
I am great. 나는 아주 좋아.
I feel great. 나는 기분이 아주 좋아.

✦ '나는 ~가 된 기분이다'라고 표현할 때는 I feel like 뒤에 명사를 사용해요.

응용패턴

I feel like **a king.**	나는 왕이 된 기분이야.
I feel like **a fish.**	나는 물고기가 된 기분이야.

king 왕

Choose!

(I feel / I feel like) great. 나는 기분이 아주 좋아.

Practice

패턴에 알맞은 표현을 넣어 문장을 완성하세요. 

scared
무서운

proud
뿌듯한, 자랑스러운

lonely
외로운

❶ 나는 무서워. I feel

• 사람이 무서움을 느끼면 scared, 사물·상황이 무서우면 scary를 사용해요.

❷ 나는 외로워.

❸ 나는 뿌듯한 기분이야.

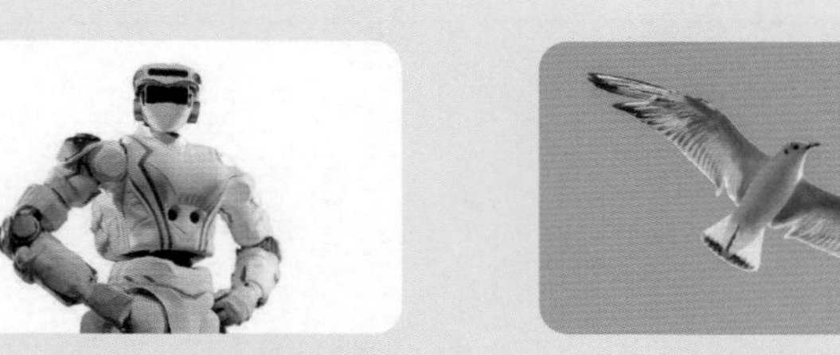

a robot
로봇

a bird
새

a star
스타

❹ 나는 새가 된 기분이야. I feel like

❺ 나는 로봇이 된 기분이야.

❻ 나는 스타가 된 기분이야.

• star는 '별' 외에 유명한 가수나 배우 같은 '스타'를 뜻하기도 해요.

It feels...

그건 ~한 느낌이다

✦ It feels...는 '그건 ~하는 느낌이다', '그것은 느낌이 ~하다'라는 뜻이에요.

✦ 사물의 느낌을 말할 때는 It feels 뒤에 형용사를 써요.

✦ 성냥팔이 소녀는 It feels...를 이용해 불의 따뜻한 느낌을 표현했어요.

기본패턴

It feels **good.**	그건 느낌이 좋아.
It feels **different.**	그건 다른 느낌이야. (= 느낌이 달라.)

good 좋은 different 다른

✦ '그것은 ~ 같은 느낌이다'라고 표현할 때는 It feels like 뒤에 명사를 사용해요.

응용패턴

It feels like **wood.**	그건 나무 같은 느낌이야.
It feels like **Sunday.**	일요일 같은 기분이야.

wood 나무 Sunday 일요일

사물뿐만 아니라 상황도 It으로 표현해요.

Choose!

(It feels / It feels like) wood. 그건 나무 같은 느낌이야.

패턴에 알맞은 표현을 넣어 문장을 완성하세요. 

soft
부드러운

hard
딱딱한

scary
무서운

❶ 그건 딱딱한 느낌이야. It feels

• hard는 '어려운' 외에 '딱딱한'이라는 뜻도 있어요.

❷ 그건 부드러운 느낌이야.

❸ 무서운 느낌이야.

• 분위기나 환경에 대해 말할 때도 It을 주어로 자주 사용해요.

Christmas
크리스마스

a dream
꿈

magic
마술

❹ 꿈 같은 느낌이야. It feels like

❺ 크리스마스 같은 기분이야.

• Christmas 같은 공휴일은 첫 글자를 대문자로 써요.

❻ 마술 같은 느낌이야.

Check-up Pattern 39-40

A 알맞은 문장에 ∨표를 하세요.

1. 나는 뿌듯한 기분이야.
   ⓐ **I feel** proud.
   ⓑ **I feel like** proud.

2. 나는 스타가 된 기분이야.
   ⓐ **I feel** a star.
   ⓑ **I feel like** a star.

3. 크리스마스 같은 느낌이야.
   ⓐ **It feels** Christmas.
   ⓑ **It feels like** Christmas.

4. 그건 느낌이 달라.
   ⓐ **It feels** different.
   ⓑ **It feels like** different.

B 알맞은 표현을 써서 문장을 완성하세요.

I feel   I feel like   It feels   It feels like

1. 나는 새가 된 기분이야. → ______________ a bird.

2. 그건 따뜻한 느낌이야. → ______________ warm.

3. 나는 외로운 기분이야. → ______________ lonely.

4. 꿈 같은 기분이야. → ______________ a dream.

C 그림을 참고하여 상황에 알맞은 문장을 쓰세요.

1. ______________________________
나는 기분이 아주 좋아. (great)

2. ______________________________
나는 물고기가 된 기분이야. (a fish)

3. ______________________________
이건 느낌이 부드러워. (it, soft)

4. ______________________________
이건 느낌이 딱딱해. (it, hard)

5. ______________________________
(여기는) 무서운 기분이 들어. (it, scary)

6. ______________________________
나는 무서워. (scared)

Weekly Review Pattern 31-40

사진을 보고 알맞은 단어를 고르세요.

1. 

There is a (boat / monster)
on the (river / park).

2. 

There are many (clouds / stars)
in the (cave / sky).

3. 

There was a (cup / letter)
on the (table / basket).

4. 

There were (three / five) chairs
in the (room / drawer).

5. 

You look like a (ghost / pirate).
You look (nervous / excited).

6. 

It looks (soft / dangerous).
I feel (proud / scared).

B 알맞은 패턴과 표현을 찾아서 연결하세요.

1. 지붕 위에 고양이가 있어.	Is there	money.
2. 하늘에 구름이 많이 있어.	There is	a cat on the roof.
3. 돈이 없어.	There is no	a restroom around here?
4. 이 근처에 화장실이 있나요?	There are	many clouds in the sky.

5. 네 칫솔 여기 있어.	You look	a bird.
6. 너 멋있어 보여.	Here is	a prince.
7. 그는 왕자 같아 보여요.	I feel like	great.
8. 나는 새가 된 기분이야.	He looks like	your toothbrush.

C 빈칸에 알맞은 표현을 써서 문장을 완성하세요.

1.

❶ ______ a zoo in the city.

❷ ______ many animals in the zoo.

그 도시에는 동물원이 있어. / 그 동물원에는 동물들이 많이 있어.

2.

❶ ______ milk in the fridge.

❷ ______ many eggs in the fridge.

냉장고에는 우유가 있었어. / 냉장고에는 계란이 많이 있었어.

3.

A: ❶ ______ a printer here?

B: No. ❷ ______ a computer here.

A: 여기에 프린터 있어? / B: 아니. 여기에 컴퓨터는 있어.

4.

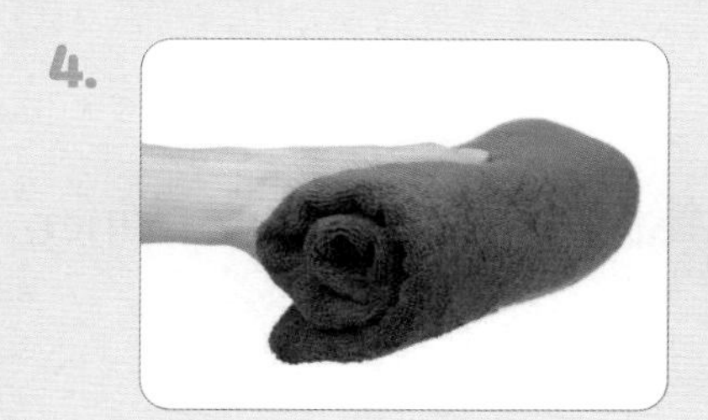

A: ❶ ______ towels.

B: ❷ ______ a towel.

A: 수건들이 없어.(no) / B: 수건 여기 있어.

5.

❶ ______ great.

❷ ______ a model.

너희들 멋있어 보인다. / 너희들 모델 같아 보여.

D 빈칸에 알맞은 표현을 써서 글을 완성하세요.

He is seven years old.

There are five candles on the cake.

❶ ______ enough candles.

Oh! ❷ ______ two more candles.

Now make a wish!

➡ 그는 일곱 살이야. 케이크에 초가 다섯 개 있어. **초가 충분히 있지 않아.**
오! **여기 초가 두 개 더 있다.** 이제 소원을 빌어!

There are two kids in the street.

They look cute.

❸ ______ a tiger.

She looks like a cat.

❹ ______ fun!

➡ 거리에 아이들 두 명이 있어. 그들은 귀여워 보여. **그는 호랑이 같아 보여.**
그녀는 고양이 같아 보여. **그것은 재미있어 보여!**

기적 영어 학습서

기본이 탄탄! 실전에서 척척!
유초등 필수 영어능력을 길러주는 코어 학습서

유아 영어

재미있는 액티비티가 가득한
4~6세를 위한 영어 워크북

4세 이상

5세 이상

6세 이상

6세 이상

파닉스 완성 프로그램

알파벳 음가 → 사이트워드
→ 읽기 연습까지!
리딩을 위한 탄탄한 기초 만들기

6세 이상 전 3권

1~3학년

1~3학년 전 3권

영어 단어

영어 실력의 가장 큰 바탕은 어휘력!
교과과정 필수 어휘 익히기

1~3학년 전 2권

3학년 이상 전 2권

영어 리딩

패턴 문장 리딩으로 시작해
정확한 해석을 위한 끊어읽기까지!
탄탄한 독해 실력 쌓기

2~3학년 전 3권

3~4학년 전 3권

4~5학년 전 2권

5~6학년 전 2권

영어 라이팅

저학년은 패턴 영작으로,
고학년은 5형식 문장 만들기 연습으로
튼튼한 영작 실력 완성

2학년 이상 전 4권

4학년 이상 전 5권

5학년 이상 전 2권

6학년 이상

영어일기

한 줄 쓰기부터 생활일기,
주제일기까지!
영어 글쓰기 실력을 키우는 시리즈

3학년 이상

4~5학년

5~6학년

영문법

중학 영어 대비, 영어 구사
정확성을 키워주는 영문법 학습

4~5학년 전 2권

5~6학년 전 3권

6학년 이상

초등 필수 영어 무작정 따라하기

초등 시기에 놓쳐서는 안 될 필수 학습은 바로 영어 교과서!
영어 교과서 5종의 핵심 내용을 쏙쏙 뽑아 한 권으로 압축 정리했습니다.
초등 과정의 필수학습으로 기초를 다져서 중학교 및 상위 학습의 단단한 토대가 되게 합니다.

1~2학년

2~3학년

2~3학년

3학년 이상

4학년 이상

미국교과서 리딩

문제의 차이가 영어 실력의 차이! 논픽션 리딩에 강해지는 《미국교과서 READING》
논픽션 리딩에 가장 좋은 재료인 미국 교과과정의 주제를 담은 지문을 읽고, 독해력과
문제 해결력을 두루 향상시킬 수 있도록 구성한 단계별 리딩 프로그램

LEVEL 1

준비 단계

LEVEL 2

시작 단계

LEVEL 3

정독 연습 단계

LEVEL 4

독해 정확성 향상 단계

LEVEL 5

독해 통합심화 단계

기적의 영어문장 쓰기

3

(영단어 연습장 & 정답)

길벗스쿨

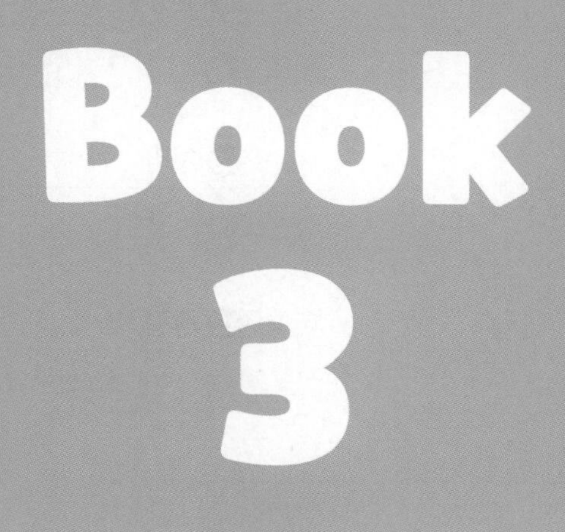

영단어 연습장

*〈영단어 연습장〉을 옆에 두고 활용하세요.
단어를 쓰면서 뜻을 기억하고 철자를 연습해 보세요.

Pattern 01-02

1. 문 door
2. 창문 window
3. 입 mouth
4. 대문 gate
5. 커튼 curtain
6. 눈 eye
7. 호랑이 tiger
8. 원숭이 monkey
9. 얼룩말 zebra
10. 치마 skirt
11. 목도리 scarf
12. 장갑 gloves

Pattern 03-04

1. 앉다 sit
2. 일어서다 stand
3. 조심하는 careful
4. 밀다 push
5. 만지다 touch
6. 잊다 forget
7. 눈사람 snowman
8. 사진, 그림 picture
9. 만나다 meet
10. 바닷가 beach
11. 호수 lake
12. 놀이터 playground

Pattern 05-06

❶ 기억하다
remember

❷ 생각하다
think

❸ 필요하다
need

❹ 알다
know

❺ 먹다
eat

❻ 크레용
crayon

❼ 말하다
speak

❽ 숟가락
spoon

❾ 보다
see

❿ 길
way

⓫ 살다
live

⓬ 충분한
enough

Pattern 07-08

❶ 고기
meat

❷ 안경
glasses

❸ 한국
Korea

❹ 새우
shrimp

❺ 입고 있다
wear

❻ 칼
knife

❼ 펜
pen

❽ 손목시계
watch

❾ 일본
Japan

❿ 수영복
swimsuit

⓫ 전화기
phone

⓬ 중국
China

Pattern 09-10

❶ 웃다
laugh

❷ 때리다, 치다
hit

❸ 이들 (tooth의 복수형)
teeth

❹ 거짓말하다
lie

❺ 대답하다
answer

❻ 샤워
shower

❼ 듣다
hear

❽ 도넛
doughnut

❾ 잠그다
lock

❿ 이기다
win

⓫ 끄다
turn off

⓬ 불
light

Pattern 11-12

❶ 읽다
read

❷ 아침 식사
breakfast

❸ 숙제
homework

❹ 뛰다
run

❺ 웃다
laugh

❻ 게임, 경기
game

❼ 듣다
listen

❽ 공부하다
study

❾ 돕다
help

❿ 점프하다, 뛰다
jump

⓫ 보다
watch

⓬ 청소하다
clean

Pattern 13-14

❶ (건물을) 짓다
build

❷ 탑
tower

❸ (물감으로) 그리다
paint

❹ 싸우다
fight

❺ 만들다
make

❻ 모자
hat

❼ 기다리다
wait

❽ 그림, 사진
picture

❾ 재미, 재미있는
fun

❿ 쓰다
write

⓫ 수학
math

⓬ 축구
soccer

Pattern 15-16

❶ 같이
together

❷ 낚시하다
fish

❸ 점심 식사
lunch

❹ 마스크, 가면
mask

❺ 집
house

❻ 모래성
sandcastle

❼ 손
hand

❽ 혼자
alone

❾ 마시다
drink

❿ 씻다
wash

⓫ 헬멧
helmet

⓬ ~를 기다리다
wait for

Pattern 17-18

❶ 비가 오다
rain

❷ 아래로, 아래에
down

❸ 나뭇잎
leaf

❹ 눈이 오다
snow

❺ 위로, 위에
up

❻ ~을 보다
look at

❼ 자르다
cut

❽ 종이
paper

❾ 야구
baseball

❿ 빨리, 빠른
fast

⓫ (자전거 등을) 타다
ride

⓬ 주스
juice

Pattern 19-20

❶ 올라가다, 떠오르다
rise

❷ (전화벨이) 울리다
ring

❸ 검은색의
black

❹ 떨어지다
fall

❺ 날다
fly

❻ 춤추다
dance

❼ 미소 짓다
smile

❽ 하품하다
yawn

❾ 연
kite

❿ 나르다
carry

⓫ 수영하다
swim

⓬ 바닷가
beach

Pattern 21-22

❶ 스케이트 타다
skate

❷ 빨리, 빠른
fast

❸ 볶음밥
fried rice

❹ 높이, 높은
high

❺ 스키 타다
ski

❻ 고치다
fix

❼ 피아노
piano

❽ 줄넘기하다
jump rope

❾ 찾다
find

❿ 오르다
climb

⓫ (자전거 등을) 타다
ride

⓬ 중국어
Chinese

Pattern 23-24

❶ 사용하다
use

❷ 아끼다
save

❸ 아이스크림
ice cream

❹ 잡다
catch

❺ 이야기하다
talk

❻ 여기에
here

❼ 테니스
tennis

❽ 쿠키
cookie

❾ 높이, 높은
high

❿ 젓가락
chopsticks

⓫ 기타
guitar

⓬ 학교
school

Pattern 25-26

❶ 그리다
draw

❷ 운전하다
drive

❸ 주다
give

❹ 닫다
close

❺ 켜다
turn on

❻ 끄다
turn off

❼ 사용하다
use

❽ 케이크
cake

❾ 밖에서
outside

❿ 컴퓨터
computer

⓫ ~와 통화하다
speak to

⓬ 빌리다
borrow

Pattern 27-28

❶ 피아니스트
pianist

❷ 연습하다
practice

❸ 햄버거
hamburger

❹ 놀란
surprised

❺ 버스
bus

❻ 집, 가정
home

❼ 말하다
tell

❽ 누군가
anyone

❾ 때리다, 치다
hit

❿ 싸우다
fight

⓫ 실망한
disappointed

⓬ 어려운, 힘든
hard

Pattern 29-30

❶ 병
bottle

❷ 조용한
quiet

❸ 용서하다
forgive

❹ 열다
open

❺ 가르치다
teach

❻ 비밀
secret

❼ 만지다
touch

❽ 무엇이든, 아무것
anything

❾ ~와 이야기하다
talk to

❿ 이해하다
understand

⓫ 잡다
catch

⓬ 잊다
forget

Pattern 31-32

❶ 배
boat

❷ 물고기
fish

❸ 괴물
monster

❹ 음식
food

❺ 모자
cap

❻ (양이) 많은
much

❼ 아이
kid

❽ 동물
animal

❾ 약간의, 몇몇의
some

❿ 컵
cup

⓫ (수가) 많은
many

⓬ 별
star

Pattern 33-34

❶ 화장실 restroom
❷ 프린터 printer
❸ 누구, 누군가 anyone
❹ 표 ticket
❺ 구름 cloud
❻ 사람들 people
❼ 얼음 ice
❽ 빵 bread
❾ 대답, 대답하다 answer
❿ 학생 student
⓫ 양말 socks
⓬ 계란 egg

Pattern 35-36

❶ 편지 letter
❷ 다섯 five
❸ 초 candle
❹ 건물 building
❺ 자리 seat
❻ 남은 left
❼ 도시락 lunchbox
❽ 물병 water bottle
❾ 지도 map
❿ 안경 glasses
⓫ 장갑 gloves
⓬ 사진 photo

Pattern 37-38

❶ 신이 난
excited

❷ 대단한, 멋있는
great

❸ 피곤한
tired

❹ 마술사
magician

❺ 해적
pirate

❻ 귀신, 유령
ghost

❼ 어려운
difficult

❽ 긴장한
nervous

❾ 위험한
dangerous

❿ 거미
spider

⓫ 모델
model

⓬ 요리사
chef

Pattern 39-40

❶ 무서운
scared

❷ 뿌듯한, 자랑스러운
proud

❸ 외로운
lonely

❹ 로봇
robot

❺ 새
bird

❻ 스타
star

❼ 부드러운
soft

❽ 딱딱한
hard

❾ 무서운
scary

❿ 크리스마스
Christmas

⓫ 꿈
dream

⓬ 마술
magic

Book 3

정답

* 축약형을 써도 동일한 표현이므로 맞힌 것으로 채점해 주세요. 아이들이 영작에 흥미를 잃지 않고 재미있고 자신 있게 쓸 수 있게 지도해 주세요.

Pattern 01

Choose! Close p.12

Practice p.13

❶ Open the window.
❷ Open the door.
❸ Open your mouth.
❹ Close the gate.
❺ Close the curtain.
❻ Close your eyes.

Pattern 02

Choose! Put on p.14

Practice p.15

❶ Look at the tiger.
❷ Look at the zebra.
❸ Look at the monkey.
❹ Put on this skirt.
❺ Put on your gloves.
❻ Put on your scarf.

Check-up Pattern 01-02

A p.16

1. ⓐ 2. ⓑ 3. ⓐ 4. ⓑ

B
1. Open
2. Look at
3. Put on
4. Close

C p.17

1. Open the door.
2. Close the window.
3. Open your mouth.
4. Close your eyes.
5. Look at the zebra.
6. Look at the tiger.

Pattern 03

Choose! Don't p.18

Practice p.19

❶ Sit down, please!
❷ Stand up, please!
❸ Be careful, (please)!
❹ Don't touch it.
❺ Don't forget.
❻ Don't push, please.

Pattern 04

Choose! Let's p.20

Practice p.21

❶ Let's make a snowman.
❷ Let's meet at three.
❸ Let's take a picture.
❹ Let's go to the beach.
❺ Let's go to the playground.
❻ Let's go to the lake.

Check-up Pattern 03-04

A p.22

1. ⓐ 2. ⓑ 3. ⓑ 4. ⓐ

B
1. Let's make
2. please
3. Let's go to
4. Don't

C p.23

1. Be careful!
2. Don't worry.
3. Come here, please.
4. Help me, please.
5. Let's play baseball.
6. Let's meet at three.

Pattern 05

Choose! I don't eat p.24

Practice p.25

❶ I don't remember.
❷ I don't need a fork.
❸ I don't think so.
❹ We don't know the song.
❺ They don't eat salad.
❻ You don't have crayons.

Pattern 06

Choose! Do you know p.26

Practice p.27

❶ Do you see the frog?
❷ Do you need a spoon?
❸ Do you speak English?
❹ Do they live in Seoul?
❺ Do they know the way?
❻ Do we have enough time?

Check-up Pattern 05-06

A p.28

1. ⓑ 2. ⓐ 3. ⓑ 4. ⓐ

B
1. We don't eat
2. I don't need
3. Do you remember
4. Do they know

C p.29

1. I don't like fish.
2. I don't eat salad.
3. Do you see the frog?
4. I don't see anything.
5. Do we have enough time?
6. We don't have enough time.

Pattern 07

Choose! He doesn't live p.30

Practice p.31

❶ He doesn't eat meat.
❷ He doesn't live in Korea.
❸ He doesn't wear glasses.
❹ She doesn't wear a skirt.
❺ She doesn't need a knife.
❻ She doesn't eat shrimp.

Pattern 08

Choose! Does he wear p.32

Practice p.33

❶ Does he need a pen?
❷ Does he live in Japan?
❸ Does he have a watch?
❹ Does she have a phone?
❺ Does she need a swimsuit?
❻ Does she live in China?

Check-up Pattern 07-08

A p.34

1. ⓑ 2. ⓐ 3. ⓑ 4. ⓑ

B
1. He doesn't need
2. Does she live
3. He doesn't like
4. Does she have

C p.35

1. He doesn't eat shrimp.
2. She doesn't eat meat.
3. Does he have a watch?
4. He doesn't need a watch.
5. Does he wear glasses?
6. Does she wear skirts?

Pattern 09

Choose! I didn't eat p.36

Practice p.37

❶ I didn't laugh.
❷ I didn't hit him.
❸ I didn't brush my teeth.
❹ We didn't answer.
❺ She didn't lie.
❻ He didn't take a shower.

Pattern 10

Choose! Did you see p.38

Practice p.39

❶ Did you lock the door?
❷ Did you hear the thunder?
❸ Did you eat my doughnut?
❹ Did he hit the ball?
❺ Did they win the game?
❻ Did she turn off the light?

Check-up Pattern 09-10

A p.40

1. ⓑ 2. ⓐ 3. ⓐ 4. ⓑ

B
1. We didn't
2. Did you
3. I didn't
4. Did she

C p.41

1. Did you eat my doughnut?
2. I didn't eat anything.
3. Did you lock the door?
4. Did you turn off the light?
5. She didn't brush her teeth.
6. He didn't take a shower.

Weekly Review Pattern 01-10

A p.42

1. monkey / zebra
2. scarf / gloves
3. spoon / fork
4. watch / phone
5. Japan / China
6. skirt / swimsuit

B p.43

1. Close the gate.
2. Let's go to the zoo.
3. Put on this skirt.
4. Don't push.
5. We don't know the song.
6. Do you need a knife?
7. I didn't answer.
8. Did you see him?

C p.44

1. ① please ② Open
2. ① Let's ② Don't
3. ① I don't ② He doesn't
4. ① Do you ② I don't
5. ① Did you ② I didn't

D p.45

① Let's
② Put on
③ Do you
④ We don't

Pattern 11

Choose! I'm watching ······ p.48

Practice ······ p.49

❶ I'm reading a book.
❷ I'm doing my homework.
❸ I'm having breakfast.
❹ I'm not laughing.
❺ I'm not running.
❻ I'm not playing games.

Pattern 12

Choose! I was playing ······ p.50

Practice ······ p.51

❶ I was studying English.
❷ I was helping my mom.
❸ I was listening to music.
❹ I was not jumping.
❺ I was not watching TV.
❻ I was not cleaning my room.

Check-up Pattern 11-12

A ······ p.52

1. ⓑ 2. ⓑ 3. ⓐ 4. ⓑ

B
1. I'm doing
2. I'm not running
3. I was helping
4. I was not cleaning

C ······ p.53

1. I'm not crying.
2. I'm laughing.
3. I'm not playing games.
4. I'm studying English.
5. I was not sleeping.
6. I was listening to music.

* I am = I'm

Pattern 13

Choose! You're doing ······ p.54

Practice ······ p.55

❶ You're painting a picture.
❷ You're building a tower.
❸ You're lying.
❹ You were fighting.
❺ You were making cookies.
❻ You were wearing a hat.

Pattern 14

Choose! Are you making ······ p.56

Practice ······ p.57

❶ Are you having fun?
❷ Are you looking at the picture?
❸ Are you waiting for a bus?
❹ Were you studying math?
❺ Were you writing a letter?
❻ Were you watching a soccer game?

Check-up Pattern 13-14

A ······ p.58

1. ⓑ 2. ⓑ 3. ⓐ 4. ⓐ

B
1. You're painting
2. Are you making
3. You were wearing
4. Were you writing

C ······ p.59

1. You're lying.
2. I'm not lying.
3. Are you looking at me?
4. I'm looking at the picture.
5. Were you doing your homework?
6. I was listening to music.

* I am = I'm / You are = You're

Pattern 15

Choose! We were going p.60

Practice p.61

❶ We're fishing.
❷ We're singing together.
❸ They're having lunch.
❹ We were cleaning the house.
❺ They were wearing a mask.
❻ They were building a sandcastle.

Pattern 16

Choose! She's cleaning p.62

Practice p.63

❶ He's washing his hands.
❷ She's drinking coffee.
❸ She's sitting alone.
❹ Is he washing the dishes?
❺ Is she waiting for me?
❻ Is she wearing a helmet?

Check-up Pattern 15-16

A p.64

1. ⓑ 2. ⓑ 3. ⓑ 4. ⓐ

B
1. He's having
2. We're wearing
3. We were washing
4. Is he drinking

C p.65

1. We're not fighting.
2. We're playing together.
3. They're not fishing.
4. They're building a sandcastle.
5. Is he cooking dinner?
6. He's washing the dishes.

* We are = We're / They are = They're
He is = He's

Pattern 17

Choose! Is it sleeping? p.66

Practice p.67

❶ It's going down.
❷ It's eating a leaf.
❸ It's raining.
❹ Is it going up?
❺ Is it looking at me?
❻ Is it snowing?

Pattern 18

Choose! He was looking p.68

Practice p.69

❶ He was watching a baseball game.
❷ She was cutting paper.
❸ It was running fast.
❹ Was he riding a bike?
❺ Was she making juice?
❻ Was it raining?

Check-up Pattern 17-18

A p.70

1. ⓑ 2. ⓑ 3. ⓐ 4. ⓐ

B
1. She was cutting
2. Was she making
3. It's running
4. Is it going

C p.71

1. She was riding a bike.
2. But she was not wearing a helmet.
3. He was not sleeping.
4. He was watching a baseball game.
5. Is it raining?
6. It's not raining. It's snowing.

* It is = It's

Pattern 19

Choose! is opening p.72

Practice p.73

❶ The phone is ringing.
❷ The sun is rising.
❸ Amy is wearing black shoes.
❹ The kids are dancing.
❺ The leaves are falling.
❻ The butterflies are flying.

Pattern 20

Choose! were dancing p.74

Practice p.75

❶ A child was flying a kite.
❷ The woman was smiling.
❸ His dad was yawning.
❹ The children were playing in the snow.
❺ Two men were carrying a box.
❻ People were swimming at the beach.

Check-up Pattern 19-20

A p.76

1. ⓐ 2. ⓑ 3. ⓑ 4. ⓑ

B
1. is ringing
2. was falling
3. are singing
4. were playing

C p.77

1. Jack is flying a kite.
2. His dad is yawning.
3. Spring is coming.
4. The butterflies are flying.
5. The boy was waiting for a bus.
6. The bus was coming.

Weekly Review Pattern 11-20

A p.78

1. laughing / crying
2. jumping / running
3. sitting / waiting
4. yawning / smiling
5. riding / wearing
6. snowing / raining

B p.79

1. I'm having breakfast.
2. We're going home.
3. He's drinking coffee.
4. Are you writing a letter?
5. It's moving.
6. It was flying slowly.
7. She was cutting paper.
8. The sun is rising.

C p.80

1. ❶ I'm painting
   ❷ I'm not cleaning
2. ❶ Are you playing
   ❷ I'm reading
3. ❶ Is she making
   ❷ She's making
4. ❶ Was he crying?
   ❷ He was sleeping.
5. ❶ are dancing
   ❷ They're having

D p.81

❶ are making
❷ are laughing
❸ Are you doing
❹ I'm listening

Pattern 21

Choose! I can p.84

Practice p.85

❶ I can skate.
❷ I can run fast.
❸ I can make fried rice.
❹ We can ski.
❺ She can jump high.
❻ He can fix the computer.

Pattern 22

Choose! I can't p.86

Practice p.87

❶ I can't jump rope.
❷ I can't play the piano.
❸ I can't find my bag.
❹ He can't ride a bike.
❺ She can't climb a tree.
❻ We can't speak Chinese.

Check-up Pattern 21-22

A p.88

1. ⓐ 2. ⓑ 3. ⓐ 4. ⓑ

B 1. I can
2. I can't
3. We can
4. He can't

C p.89

1. I can jump rope.
2. I can't jump rope.
3. We can't swim.
4. They can swim fast.
5. He can ride a bike.
6. She can't ride a bike.

Pattern 23

Choose! You can p.90

Practice p.91

❶ You can save time.
❷ You can eat ice cream.
❸ You can use my pen.
❹ You can't catch me.
❺ You can't jump on the bed.
❻ You can't talk here.

Pattern 24

Choose! can't p.92

Practice p.93

❶ Julie can play tennis.
❷ Cats can jump high.
❸ My mom can make cookies.
❹ My dad can't play the guitar.
❺ The kids can't go to school.
❻ My sister can't use chopsticks.

Check-up Pattern 23-24

A p.94

1. ⓐ 2. ⓑ 3. ⓐ 4. ⓐ

B 1. You can
2. You can't
3. can make
4. can't use

C p.95

1. Penguins can't fly.
2. Penguins can swim.
3. You can eat ice cream.
4. You can't eat ice cream.
5. My dad can play tennis.
6. My mom can't play tennis.

Pattern 25

Choose! Can you p.96

Practice p.97

❶ Can you drive?
❷ Can you draw a lion?
❸ Can you give me some water?
❹ Could you close the window?
❺ Could you turn on the fan?
❻ Could you turn off the fan?

Pattern 26

Choose! Can I p.98

Practice p.99

❶ Can I eat this cake?
❷ Can I use your pen?
❸ Can I play outside?
❹ May I use your computer?
❺ May I borrow your phone?
❻ May I speak to Tim?

Check-up Pattern 25-26

A p.100

1. ⓐ 2. ⓑ 3. ⓑ 4. ⓑ

B 1. Can I use
2. May I borrow
3. Can you help
4. Could you turn off

C p.101

1. Can you play the piano?
2. Can you play the guitar?
3. Can I play outside?
4. Can I play with him?
5. Can you turn on the fan?
6. Can you give me some water?

Pattern 27

Choose! I will p.102

Practice p.103

❶ I will have a hamburger.
❷ I will be a pianist.
❸ I will practice hard.
❹ We will take a bus.
❺ She will be surprised.
❻ He will be home soon.

Pattern 28

Choose! It won't p.104

Practice p.105

❶ I won't be late.
❷ I won't tell anyone.
❸ I won't hit him again.
❹ It won't be hard.
❺ You won't be disappointed.
❻ We won't fight again.

Check-up Pattern 27-28

A p.106

1. ⓑ 2. ⓑ 3. ⓐ 4. ⓑ

B 1. will take
2. will have
3. won't tell
4. won't be

C p.107

1. I will be a pianist.
2. I will practice hard.
3. My dad will be home soon.
4. He will be surprised.
5. I won't hit him again.
6. We won't fight again.

Pattern 29

Choose! Will you p.108

Practice p.109

❶ Will you be quiet?
❷ Will you open the bottle?
❸ Will you forgive me?
❹ Would you open the door?
❺ Would you keep a secret?
❻ Would you teach me, please?

Pattern 30

Choose! I'll never p.110

Practice p.111

❶ I'll never touch anything.
❷ I'll never lie again.
❸ I'll never talk to her.
❹ She'll never understand.
❺ We'll never forget you.
❻ You'll never catch him.

Check-up Pattern 29-30

A p.112

1. ⓑ 2. ⓐ 3. ⓐ 4. ⓑ

B
1. Would you teach
2. Will you be
3. We'll never
4. I'll never

C p.113

1. Would you help me?
2. Would you fix this?
3. Will you keep a secret?
4. I'll never tell anyone.
5. I'll never play with her again.
6. I'll never talk to her again.

Weekly Review Pattern 21-30

A p.114

1. skate / ski
2. climb a tree / jump rope
3. study / talk
4. violin / piano
5. bus / taxi
6. pianist / practice

B p.115

1. I can jump high.
2. I can't find my bag.
3. Can you help me?
4. Can I use your pen?
5. I will have a hamburger.
6. Will you open the bottle?
7. I won't be late.
8. I'll never lie again.

C p.116

1. ❶ I can ❷ You can't
2. ❶ Can you ❷ We will
3. ❶ Can I ❷ You can't
4. ❶ I will ❷ Can you
5. ❶ We won't ❷ Would you

D p.117

❶ My mom can't
❷ I can
❸ I will
❹ I will

Pattern 31

Choose! There is p.120

Practice p.121

❶ There is a fish in the water.
❷ There is a boat on the river.
❸ There is a monster in my room.
❹ There is not a cap on the table.
❺ There is not any food.
❻ There is not much time.

Pattern 32

Choose! There are p.122

Practice p.123

❶ There are three kids in the room.
❷ There are many animals in the zoo.
❸ There are some fish in the river.
❹ There are not many stars in the sky.
❺ There are not any cookies.
❻ There are not enough cups.

Check-up Pattern 31-32

A p.124

1. ⓐ 2. ⓐ 3. ⓑ 4. ⓑ

B

1. There is
2. There are
3. There is not
4. There are not

C p.125

1. There is a boat on the river.
2. There are many fish in the river.
3. There is a monster in my room.
4. There is not any monster.
5. There are many cars.
6. There are not many cars.

Pattern 33

Choose! Is there p.126

Practice p.127

❶ Is there a printer here?
❷ Is there a restroom around here?
❸ Is there anyone in the bathroom?
❹ Are there any tickets left?
❺ Are there many people at the park?
❻ Are there any clouds in the sky?

Pattern 34

Choose! There is no p.128

Practice p.129

❶ There is no ice.
❷ There is no answer.
❸ There is no bread in the basket.
❹ There are no students.
❺ There are no socks in the drawer.
❻ There are no eggs in the fridge.

Check-up Pattern 33-34

A p.130

1. ⓐ 2. ⓑ 3. ⓐ 4. ⓑ

B

1. There is no
2. Is there
3. There are no
4. Are there

C p.131

1. Is there anyone in the bathroom?
2. There are no socks in the drawer.
3. There is no bread in the basket.
4. Are there any eggs in the fridge?

Pattern 35

Choose! There was p.132

Practice p.133

❶ There was a letter on the table.
❷ There were many buildings in the city.
❸ There were five candles on the cake.
❹ There was no food left.
❺ There were no seats left at the theater.
❻ There was no homework today.

Pattern 36

Choose! Here are p.134

Practice p.135

❶ Here is your lunchbox.
❷ Here is your water bottle.
❸ Here is a map.
❹ Here are your gloves.
❺ Here are my glasses.
❻ Here are some photos.

Check-up Pattern 35-36

A p.136

1. ⓑ 2. ⓑ 3. ⓑ 4. ⓑ

B
1. Here is
2. There were
3. Here are
4. There was

C p.137

1. There was a pencil.
2. There were no crayons.
3. There were many people at the theater.
4. There were no seats left.
5. Here is your lunchbox.
6. Here is your water bottle.

Pattern 37

Choose! You look p.138

Practice p.139

❶ You look great.
❷ You look excited.
❸ You look tired.
❹ You look like a magician.
❺ You look like a ghost.
❻ You look like a pirate.

Pattern 38

Choose! It looks like p.140

Practice p.141

❶ It looks dangerous.
❷ It looks difficult.
❸ She looks nervous.
❹ It looks like a spider.
❺ She looks like a model.
❻ He looks like a chef.

Check-up Pattern 37-38

A p.142

1. ⓐ 2. ⓑ 3. ⓑ 4. ⓑ

B
1. It looks
2. You look
3. You look like
4. It looks like

C p.143

1. It looks fun.
2. You look excited.
3. You look like a ghost.
4. You look like a pirate.
5. It looks dangerous.
6. He looks nervous.

Pattern 39

Choose! I feel p.144

Practice p.145

❶ I feel scared.
❷ I feel lonely.
❸ I feel proud.
❹ I feel like a bird.
❺ I feel like a robot.
❻ I feel like a star.

Pattern 40

Choose! It feels like p.146

Practice p.147

❶ It feels hard.
❷ It feels soft.
❸ It feels scary.
❹ It feels like a dream.
❺ It feels like Christmas.
❻ It feels like magic.

Check-up Pattern 39-40

A p.148

1. ⓐ 2. ⓑ 3. ⓑ 4. ⓐ

B
1. I feel like
2. It feels
3. I feel
4. It feels like

C p.149

1. I feel great.
2. I feel like a fish.
3. It feels soft.
4. It feels hard.
5. It feels scary.
6. I feel scared.

Weekly Review Pattern 31-40

A p.150

1. boat / river
2. stars / sky
3. letter / table
4. three / room
5. pirate / excited
6. dangerous / scared

B p.151

1. There is a cat on the roof.
2. There are many clouds in the sky.
3. There is no money.
4. Is there a restroom around here?
5. Here is your toothbrush.
6. You look great.
7. He looks like a prince.
8. I feel like a bird.

C p.152

1. ❶ There is ❷ There are
2. ❶ There was ❷ There were
3. ❶ Is there ❷ There is
4. ❶ There are no ❷ Here is
5. ❶ You look ❷ You look like

D p.153

❶ There are not
❷ Here are
❸ He looks like
❹ It looks

영작의 첫 시작은 패턴 문장 쓰기!

패턴 문장으로 탄탄한 영작 기초 다지기